사랑학 개론

관조를 통한 영혼의 치유 셀프힐링

self healing

사랑학 개론

관조를 통한 영혼의 치유 셀프힐링 self healing

1판 1쇄 펴낸 날 2013년 12월 3일

지은이 배재국 발행인 김재경 기획 김성우 편집디자인 최정근 마케팅 권태형 제작 보현피앤피

펴낸곳 도서출판 비움과소통 서울시 영등포구 영등포동7가 29-126 포레비떼 705호 전화 (02)2632-8739
팩스 0505-115-2068 이메일 buddhapia5@daum.net 트위터 @kjk5555 페이스북 ID 김성우
홈페이지 http://blog.daum.net/kudoyukjung 출판등록 2010년 6월 18일 제318-2010-000092호

ⓒ 배재국, 2013
ISBN : 978-89-97188-43-7 03320

정가 12,000원

사랑학 개론

관조를 통한 영혼의 치유 셀프힐링

self healing

배재국 지음

비움과소통

제 2부. 관조를 통한 치유

제 3부. 이해를 통한 치유

세상에는 수없이 많은 고통이 존재한다. 연인 사이, 부부 사이, 부모 자식 사이, 그 외 수많은 인간관계 속에서.

그런데 그 고통의 근원을 파고 들어가면 궁극적으로 그 원인은 바로 우리 마음속의 '나(에고)'다. 서로 간의 조화를 무시한 '나'의 욕망과 집착, 그것이 모든 고통의 원인이다.

나는 이 책에서 나의 체험과 그 외 여러 사람들의 체험을 토대로 '마음의 치유'에 대해 탐구해 보았다. 그것을 위한 방법론으로 도입한 것이 '생명(사랑)'과 '나(에고)'라는 개념이다.

이 책의 내용을 좀 더 쉽게 이해하려면 '생명(사랑)'과 '나(에고)'라는 개념을 먼저 분명히 이해할 필요가 있다.

그것은 이 책의 본문 속에 잘 나와 있다.

알고 보면, 이 책은 기존의 모든 경전과 철학에서 말하고 있는 진리를 최대한 현대적인 언어와 상황으로 재구성한 것이나 다름없다.

기존의 철학이나 종교는 너무나 형이상학적이고 추상적인 언어로 되어 있어, 보통사람들이 접근하기에는 너무나 어려웠다.

내가 그 동안 철학과 종교에 관심을 가져오면서 가장 안타까웠던 점은, 이런 진리를 좀 더 쉬운 언어로 전달할 수는 없을까 하는 것이었다. 즉 진리의 생활화가 아쉬웠다.

진리란, 자연(생명)의 이치를 말하는 것인데, 나는 이 책에서 그런 이치를 아주 쉽게 설명하려고 했다. 여러분이 이 책을 통해서 '아, 진정한 사랑이란 이런 것이로구나!' '아, 인생이란 이런 것이로구나!' 라는 것을 어느 정도 이해할 수 있게 되었다면 나의 안타까움은 많이 해소될 것이다.

나에게 소박한 소망이 있다면, 내가 쓴 글들이 삶 속에서 고통을 겪고 있는 사람들에게 조금이나마 도움이 되었으면 하는 것이다. 나아가 좀 더 많은 사람들이 스스로를 구속하고 있는 '나(에고)'의 정체를 분명히 이해하여, 세상과 자신의 구속으로부터 벗어나 영원한 생명의 자유를 마음껏 누렸으면 하는 것이다.

＊ 이 책의 곳곳에는 '사랑(생명)'과 '나(에고)'라는 개념에 대한 설명이 자주 반복되는데, 그것은 워낙 중요한 개념인데다 또 내용 전개상 빼기가 곤란했기 때문이라는 점을 양해해 주기 바란다.

2013년 8월
배 재 국

마음의 고통,
그것은 진정한 사랑을 찾아가는 과정에서
반드시 거쳐야 하는
통과 의례와 같은 것이다.

제1부

The Principle of self healing

치유의 원리

사랑(생명)의 본질 | 1

우리의 본질은 과연 무엇일까? 그것은 바로 우리의 경험이 존재할 수 있도록 한 바탕 세계, 즉 영원히 변치 않는 실체인 '생명' 그 자체이다. 거울 속의 그림자가 우리의 본질이 아니라, 거울 자체가 우리의 본질이다. 필름 속의 영상이 우리의 본질이 아니라 필름을 비추는 빛이 우리의 본질이다.

우리의 본질은 '빛'이요 '생명'이요 '사랑' 그 자체이다.

인간이 이 세상에 살면서 범하고 있는 가장 큰 어리석음이 있다면 그것은 바로 대부분의 사람들이 자신의 본질인 '사랑(생명)'을 잘 모르고 살고 있다는 사실일 것이다.

이것을 알고 살아가느냐 모르고 살아가느냐 하는 것 자체가 그 사람의 인생의 성공을 좌우한다고 해도 과언은 아니다.

사람들이 절망하고 좌절하고 자살하고 번뇌하는 모든 일들이 바로 자신의 본질을 모르기 때문에 벌어지는 현상들이다.

그렇다면 대체 그 본질이라는 것은 과연 무엇을 말하는 것일까?

사랑(생명)이란

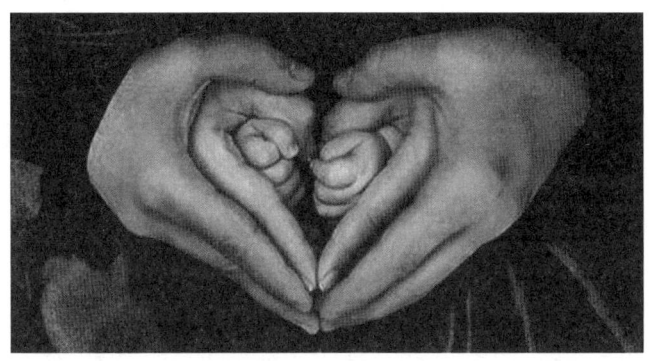

우리는 태어나면서 육체라는 것을 가짐과 동시에 오감이라는 것도 지니게 된다. 이 오감이 외부 세계(객관 세계)와 작용하면서 주관이라는 게 생겨난다.

어떤 사람이 어느 날 처음으로 피자라는 것을 먹어 보았다.

"야, 세상에 이런 맛도 있구나! 정말 맛있는데."

이 사람의 기억에는 '피자는 맛있다.' 라는 경험이 새겨진다.

또, 어떤 사람이 피자를 먹었다.

"에이, 맛이 뭐 이래!"

이 사람한테는 '피자는 맛없다.' 라는 경험이 새겨진다.

그러면 이 두 사람은 서로 다른 주관을 갖게 된다.

이것은 아주 간단한 예지만, 그 외의 것도 모두 이런 식으로 설명할 수 있다.

그렇다면 보통 우리가 알고 있는 '나'라는 것은 경험이 쌓여서 이루어진 주관적 세계를 말하는 게 아닐까?

이에 대해 좀 더 자세히 접근해 보자. 우리가 보통 '나'라고 알고 있는 것의 내용물들을 들여다보면, 그것이 전부 우리가 자라오면서 경험한 것들이라는 것을 알 수 있다. 이름, 나이, 성性, 생김새, 부모, 친구, 형제자매, 친척, 재산, 나라, 동네, 말(언어), 소유물, 출신학교, 애인, 그 외 수많은 지식과 경험들, 이 모든 것이 경험에서 비롯된 것들이다.

그렇다면 우리가 보통 알고 있는 '나'라는 것은 곧 경험(과거)의 집합체요 기억에 불과하다고 할 수 있다.

만약 우리가 어느 날 교통사고를 당하여 모든 기억을 상실한다면 과연 자신이 누구인지 어떻게 알겠는가? 우리가 자신이 누구인지를 아는 것은 외부 세계와의 관계가 있기 때문에 가능한 것이다. 외부 세계와의 관계가 없다면 '나'라는 경험의 집합체는 이루어질 수가 없다.

'나'라는 관념은 우리가 거의 기억할 수 없는 어릴 때부터 서서히 생겨나기 시작한다. 그리하여 나이를 먹어가면서 이 '나' 라는 경험의 집합체는 더욱더 커지고 분명해진다. 그러니까 자기라는 주관적인 세계가 형성되는 것이다. 이렇게 과거로부터 고착된 경험의 덩어리, 이것을 심리학에서는 '자아(ego)' 라고 한다.

이 세계는 사람마다 다르다. 생김새가 완전히 같은 쌍둥이라도 경험의 세계는 다 다르다.

결국 우리가 보통 알고 있는 '나' 라는 것은 경험의 집합체에 지나지 않는다. 그것은 우리의 본질이 아니다.

이렇게만 말하면 잘 이해가 안 될 수도 있으므로 비유를 해보자.

여기 거울이 있다. 거울에는 여러 가지 그림자가 비친다. 이 거울을 생명이라고 하면, 거울 속의 그림자는 오감을 통해 들어온 경험이라고 할 수 있다. 거울이 없으면 그림자도 있을 수 없듯이, '생명(살아 있음)' 이 없으면 경험도 있을 수 없다. 그림자는 사라져도 거울은 존재할 수 있듯이, 우리의 경험인 기억이 상실되어도 우리는 살아 있을 수 있다.

영화가 상영되려면 영사기에 필름을 넣고 거기에 빛을

비춰야 한다. 필름에는 여러 가지 장면들이 찍혀 있다. 여기서 필름은 우리의 오감이라고 할 수 있고, 그 오감을 통해서 받아들인 경험의 세계가 바로 필름 속의 영상이다. 그러나 그 영상이 움직이려면 빛이라는 것이 있어야만 한다. 빛이 없으면 영화가 상영될 수 없다. 이 빛이 바로 우리의 본질인 '생명(사랑)'이다.

하늘을 생명이라고 하고 구름을 경험이라고 할 때, 구름은 사라져도 하늘은 존재한다. 우리의 경험은 구름처럼 우리의 생명 위를 끊임없이 변하면서 흐른다.

우리의 생각은 수시로 변한다. 한때는 사회주의가 좋다고 생각했다가도 어느 날 갑자기 자본주의가 좋다고 할 수도 있다. 그것은 어차피 경험의 범주를 벗어나지 못한다.

경험이라는 것은 어머니 뱃속에서 나올 때부터 가지고 나온 게 아니다. 그것은 자라면서 마음이라는 거울 속에 쌓인 그림자에 불과하다. 오감이라는 필름에 찍힌 영상과 같은 것이다. 그것은 실체가 아니다.

그것은 양파에 비유될 수 있다. 양파의 껍질을 벗기고 벗기면 결국에는 아무 것도 남는 게 없다. 100가지 경험이 쌓여서 '나'라는 관념이 되었다면, 한 가지씩 버리다가

100가지를 다 버렸을 때는 자기 자신이 누구인지 알 수 없을 것이다.

결국 경험(과거, 기억)은 실체가 아니라는 애기다.

마음속의 바다에는 갈매기가 날지 않는다. 그것은 허상이다. 그것이 바로 '나'다.

그렇다면 우리의 본질은 과연 무엇일까? 그것은 바로 그 경험이 존재할 수 있도록 한 바탕 세계, 즉 영원히 변치 않는 실체인 '생명' 그 자체이다. 거울 속의 그림자가 우리의 본질이 아니라 거울 자체가 우리의 본질이다. 필름 속의 영상이 우리의 본질이 아니라 필름을 비추는 빛이 우리의 본질이다.

우리의 본질은 '빛'이요 '생명'이요 '사랑' 그 자체이다. 우리가 엄마 뱃속에서부터 갖고 나온 생명 그 자체가 우리의 본질이다.

그림자는 사라져도 거울은 존재하고, 구름은 사라져도 하늘은 존재하고, '나'라는 경험의 집합체가 사라져도 우리는 여전히 존재한다.

이렇게 사라지지 않는 영원한 실체인 생명 에너지, 그것이 바로 우리의 본질이다.

몸은 허상이다

또 우리 몸을 보자. 우리 몸에서 변치 않는 실체가 있을까?

우리 몸은 흙(살, 뼈 등등), 물(피, 콧물, 눈물, 오줌, 침 등등), 불(몸의 열기), 공기(호흡), 허공(콧구멍이나 허파의 빈 부분 등등)의 다섯 가지 요소로 이루어져 있다.

머리, 팔, 다리, 심장, 허파, 간, 내장 그 어디에도 우리의 실체라고 할 만한 것은 없다.

병원에서 우리의 몸을 해부해 보라. 그냥 한 마리의 짐승에 불과하지 그 어디에 만물의 영장이라고 할 만한 부분이 있는가? 그 어디에도 보이지 않는다.

우리 몸은 썩으면 다섯 가지 자연의 요소로 돌아간다. 그렇다면 우리의 실체는 과연 없는 것일까?

여기서 상상력을 한번 발휘해 볼 필요가 있다. 여기 무한대로 확대할 수 있는 전자 현미경이 있다고 하자. 이 현미경으로 우리의 몸을 무한대로 확대해 보면, 우리 몸의 세포가 과연 서로 붙어 있을까, 떨어져 있을까? 상상해 보라! 생각해 본 적이 별로 없겠지만 한 번 해 보라!

"오, 이건 말도 안 돼! 내 몸이 다 떨어져 있다니!"

그렇다. 당연히 떨어져 있을 것이다. 그렇다면 그냥 텅 빈 허공이나 마찬가지인 셈이다.

그런데 여기서 우리가 그냥 지나칠 수 없는 게 있다. 그게 뭐냐 하면 그 허공은 그냥 단순한 허공이 아니라, 어떤 에너지 장으로 가득 차 있어 우리의 몸을 지탱하고 있다는 사실이다.

이 에너지가 바로 우리 눈에는 보이지 않지만, 우리를 존재하게 해주는 변치 않는 실체인 생명 에너지인 것이다.

이 에너지는 우리로 하여금 숨 쉬게 해주고, 활동하게 해주고, 소화를 시켜주고, 생각하게 해주고, 사랑하게 해준다. 이것이 있음으로써 수많은 경험도 가능하고, '나' 라는 것도 존재할 수 있는 것이다.

우리의 본질인 생명 에너지는 영원히 변치 않는 것이다.

이 세상에 영원한 건 없다. 영원한 게 있다면 그것은 바로 모든 것은 변한다는 사실이다. 그러니까 변하는 것은 영원하지 않다고도 할 수 있다. 그렇다면 이 세상에 만약 변하지 않는 게 있다면 그것은 영원하다는 이론이 성립될 수 있을 것이다.

물리학에 보면 <에너지 불변의 변칙>이라는 게 있다. 모든 존재는 형체는 변할지라도 그 본질인 에너지는 변치 않는다는 법칙이다. 우리의 생명 에너지도 그와 같다.

생명 에너지는 불변이다. '생명(사랑)'은 영원한 것이다. 그것이 바로 우리의 본질이다.

쉽게 설명해 보자. 여기 두 개의 씨앗이 있다. 그런데 하나는 싹이 나고, 다른 하나는 싹이 나지 않았다. 그렇다면 싹이 난 씨앗에는 뭔가 눈에 보이지 않는 에너지가 내재되어 있었다고 추측할 수 있다. 그 에너지는 나중에 그 싹이 아름드리나무가 된 뒤에도 그대로 존재한다. 비록 씨앗이 나무가 되어 그 형체가 달라졌을지라도 그 씨앗과 그 나무에 들어 있는 에너지는 같은 에너지다. 그렇다면 에너지 자체는 변하는 게 아닌 것이다.

우리 사람도 마찬가지다. 어릴 때의 우리 몸 속에 있었던 생명 에너지나 노인이 되어서 지니고 있는 생명 에너지나 그 에너지의 근본은 같다.

어릴 때 눈으로 한강을 봤다면 노인이 되어서도 한강을 볼 수 있다. 비록 시력이 나빠질 수는 있지만, 그 '본다'는 능력만은 여전히 변함없는 것이다.

앞에서 우리는, 변하지 않는 것은 죽지 않고 영원하다고 했다. 그렇다면 우리의 생명 에너지는 영원히 죽지 않는 것이다. 우리 모두는 바로 그와 같은 변치 않는 영원한 실체인 '생명(사랑)'을 누구나 다 가지고 있다.

사랑(생명)을
찾아야 하는 이유 | 2

   우리 모두는 자기 자신을 너무 모르고 있다. '내(에고)'가 얼마나 우리 마음속에 뿌리깊이 박혀 있는지, 그리고 그것이 얼마나 우리 자신을 고통 속에 몰아넣고 있는지 모르고 있다.

   우리가 '사랑(생명)'을 찾지 않으면 그런 고통에서 영원히 벗어날 수 없다. 지금 인류가 겪고 있는 국가 간의 전쟁이나 분쟁, 갈등과 오해, 그리고 사회와 직장, 가정의 그 모든 문제들의 태반이 우리가 우리 자신의 본질을 모르기 때문에 벌어지는 것이다.

   이것이 바로 우리가 '사랑(생명)'을 찾지 않으면 안 되는 이유이다.

그렇다면 우리는 왜 '사랑(생명)'을 찾지 않으면 안 되는 것일까? 그것은 바로 우리 자신을 가장 온전히 보존하기 위해서이다.

우주의 본능 중에 <자기 보존의 법칙(질량 보존의 법칙)>이라는 게 있다. 그것은 우주뿐만 아니라 물질을 비롯한 이 세상의 모든 존재가 갖고 있는 법칙이다. 그것은 이미 물리학에서 다 밝혀진 사실이다.

오늘날 지구에 수많은 기상 이변이 일어나는 것은 바로 지구가 자신을 보존하기 위해서이다. 지진이 일어나는 것도 지구가 자신을 보존하기 위해서이다. 지구의 어딘가에 균형이 깨졌기 때문에 다시 균형을 바로잡기 위한 것이 지진이라는 현상으로 나타나는 것이다. 그것은 우리 몸의 곪은 부분이 때가 되면 자연히 터지는 원리와 비슷하다. 그것이 터지지 않으면 오히려 우리 몸에 해가 될 수 있다.

지구도 마찬가지다. 온갖 오염으로 인해 조화와 균형을 잃어버린 지구를 지구 스스로가 보존하기 위한 몸부림이 여러 가지 기상 이변으로 나타나는 것이다. 그런 점에서 우리는 환경오염을 심각하게 생각하지 않을 수 없다.

물리학에서는 질량을 가진 모든 존재는 다음과 같은 법칙을 가진다고 한다. 첫째 <만유인력의 법칙>, 둘째 <관성의 법칙>, 셋째 <작용 반작용의 법칙>이 그것이다.

그리고 현대 과학에서는 에너지가 곧 물질이고, 물질이 곧 에너지라고 한다. 그러니까 바이브레이션vibration(진동)이 아주 빠르고 미세한 단계가 에너지의 차원이고, 바이브레이션이 느슨하고 성긴 단계가 물질의 차원이라는 얘기다.

그렇다면 우리 마음의 바탕인 생명 에너지도 곧 물질인 셈이다. 그리하여 그 에너지의 흐름인 생각 자체도 하나의 에너지라고 볼 수 있다.

물질과 에너지는 전달이 가능하다. 우리의 생각도 마찬가지로 전달이 가능하다.

여기서 더 깊이 들어가 보도록 하자.

마음이란

사람에게는 누구나 마음이라는 게 있다. 내가 지금부터 말하고 싶은 것은 바로 이 <마음>에 대해서이다. 이것을 알아야 비로소 우리의 본질도 선명히 알 수 있기 때문이다.

우리의 마음이라는 것은 대체 어떻게 구성되어 있는 것일까? 우리 인간에게 수많은 고통과 번뇌, 그리고 슬픔을 일으키고, 동시에 인간에게 엄청난 문명의 혜택을 누리게 해준, 칼날의 양면과 같은 인간의 마음이란 존재는 대체 그 구성 요소가 무엇일까?

우리가 이 사실을 분명히 안다면 그렇게 오랜 세월 우리 인간이 겪어 왔던 모든 전쟁과 투쟁, 불화와 질투, 오해 등으로부터 영원히 해방될 수 있을 텐데 말이다.

그러면 이제부터 우리 인간의 <마음>이라는 것에 대해서 철저히 파헤쳐 들어가 보도록 하자.

앞에서도 말했듯이, 우리의 마음은 거울 속의 그림자와 같은 것이다. 거울이 없으면 그림자도 존재할 수 없듯이, 마음이라는 것도 우리가 살아 있지 않으면, 즉 우리에게 생명이 없으면 존재할 수 없다. 생명이라는 하얀 종이 위에 경험(과거)이라는 것이 하나 둘씩 쌓여서 마음이라는 것이 이루어진 것이다.

마음속에는 갖가지 것들이 다 들어 있다. 오감을 통해 들어온 수많은 경험과 지식들이 가득 차 있다.

그런데 거울과 우리 인간의 마음과는 차이가 있다. 거울은 어떤 대상을 비출 때 그 대상만이 거울 속에 비치고 그 외의 것은 사라진다. 그리고 또 다른 것을 비추면 그 전의 대상은 사라져 버린다.

그러나 우리 인간의 마음은 다르다. 우리의 마음은 대상을 비추면 그 대상이 마음속에 기억으로 들어와 버린다. 그리하여 다른 대상을 비출 때도 그 전에 들어왔던 대상은 사라지지 않고 마음속의 어딘가에 계속 자리잡고 있다. 그러면서 우리에게 여러 가지 영향을 미치고 있다.

우리에게 아직 '나(에고)'라는 관념이 시작되기 전의 아주 어렸을 때는 그렇지 않았다. 그래서 어린애들은 친구와 놀다가 싸우더라도 그 다음날이 되면 언제 그랬냐는 듯이 또 재미있게 같이 논다. 그러나 어른들은 누구와 싸우고 나서 그 다음날에 그 사람을 또 만났을 때는 피해 버리거나 기분이 매우 나빠진다.

그렇다면 어린애와 어른의 이런 차이는 왜 생기는 것일까?

어린애의 경우는 어제의 경험(과거)이 현재의 순간에 개입하지 않아서 순수하게 대상을 바라볼 수 있었지만(이것은 거울과 같은 상태), 어른의 경우는 지금 현재의 순간에 대상을 바라보는 순간, 과거의 경험이 현재에 끼어들어 대상을 순수하게 볼 수 없었던 것이다. 인간이 갖고 있는 선입관이라는 게 전부 이와 같다.

사실 지금 눈앞의 그 사람은 어제와 다르게 이미 변해 있을 수도 있다. 그 사람이 어제 잠자리에서 자신의 잘못을 뉘우치고 새로운 마음으로 당신을 만나려고 했을 수도 있다. 그런데도 우리는 과거에 얽매여 현재의 진실을 바로 볼 수 없는 것이다.

옛날에 어떤 서양 영화를 봤는데, 내용이 아주 인상 깊었던 기억이 난다.

패션모델인 여주인공이 어느 날 길을 가다가 횡단보도를 지나기 위해서 신호가 바뀌기를 기다리고 있었다.

그런데 한 아이가, 저쪽에서 차가 달려오는데 갑자기 횡단보도로 뛰어들었다. 그대로 놔두면 차가 아이를 칠 위험한 순간이었다. 그 때 이 여자가 뛰어들면서 아이를 밀쳐냈다. 간발의 순간이었다. 그리고는 이 여자가 차에 치여 버렸다.

그 순간 그 장면을 본 사람 중의 한 여자가 그 자리에서 또 쓰러졌다. 그 여자는 바로 그 아이의 어머니였다. 사람들이 웅성웅성 하는 가운데 병원의 앰뷸런스가 와서 그 두 여자를 싣고 병원으로 갔다.

병원에 실려 간 두 여자를 살펴본 의사는 두 여자가 모두 죽었음을 확인했다. 아니, 그 아이의 어머니는 완전히 죽고, 모델 아가씨는 뇌만 살아 있었다. 그래서 병원에서는 긴급회의를 열고 의논하여 한 가지 결론을 내렸다.

"아이 엄마의 몸은 아무런 손상이 없고 모델의 몸은 엉망이 되었으니 모델의 살아 있는 뇌를 아이 엄마 몸에 이식합시다."

드디어 이식 수술에 들어갔다. 조마조마한 시간이 흘러갔다.

얼마 뒤, 수술이 성공리에 끝났다는 소식이 들려왔다.

그 여자는 머리에 붕대를 감은 채 아직 침대에서 깨어나지 않고 있었다.

며칠 뒤, 그녀가 의식을 되찾았다. 그리고 자신의 모습을 거울에 비쳐 본 순간, 그녀는 "악!" 하며 몸을 부들부들 떨었다.

거울에 비친 모습은 예전의 자신의 몸이 아니라, 어느 중년 여인의 뚱뚱한 몸이었던 것이다. 그녀는 그 모습을 도저히 받아들일 수가 없었다. 미쳐 버릴 것만 같았다.

아는 사람이 찾아와도 그녀는 알아보는데 남들은 그녀를 알아보지 못했다. 그녀는 혼란스러웠다. 모든 게 뒤죽박죽이 되어 버렸다. 자살이라도 하고 싶은 심정이었다.

그러면 여기서 우리가 한 번 생각해 보자. 그녀가 왜 그렇게 고통스러워하게 되었는지. 그 원인은 바로 그녀의 과거의 경험의 집합체인 '나(에고)'에 있었던 것이다.

그녀는 자신의 날씬한 몸매를 아직 기억하고 있다. 그리고 그 몸이 자신이라고 알고 살아왔다.

그러나 생각해 보라. 우리 몸이라는 것은 항상 변하게 되어 있다. 날씬함이 영원한 실체는 아니다. 얼굴이야 수

술을 하면 다른 모습으로 바뀔 수 있는 것이고, 몸이야 시간이 흐르면서 뚱뚱해질 수도 있는 것이다. 그녀는 예전의 자신의 모습이 영원히 변치 않는 실체라고 생각했기 때문에 그런 혼란을 겪었던 것이다.

우리 몸은 우리의 본질이 아니다. 만약 그녀가 거울을 보는 순간에 기억을 상실했다면 거울 속에 비치는 모습이 원래 자신의 몸이라고 생각하고 자연스럽게 받아들였을 것이다. 고통을 느끼는 것은 그녀의 기억, 곧 과거의 경험의 집합체인 '나(에고)'인 것이다.

진실은 실존밖에 없다. 지금 그녀 앞에 놓여 있는 거울 속의 모습만이 현실이요 진실이다.

우리가 거리를 걷다 보면 가로수들이 허리가 뚝 잘려 서 있는 모습을 가끔 볼 수 있다. 그런데 그런 나무들이 다음 해 봄이 되면 새로운 가지가 나오면서 싱싱하게 되살아나는 것을 볼 수 있다.

그러나 만약에 우리 사람들이 나무처럼 그렇게 팔다리가 잘렸다고 한다면 과연 제대로 싱싱하게 살아갈 수 있을까? 몇몇 사람을 제외하고는 거의 절망에 빠져 살아가거나 자살해 버릴 것이다.

그렇다면 왜 같은 생명을 가진 존재로서, 나무는 싱싱하게 살아가고, 사람은 절망하거나 자살하는 것일까?

어떤 사람은 말한다.

"말도 안 되는 소리 하지 마. 나무하고 사람하고 어떻게 똑같아!"

아니다. 생명을 가진 존재는 모두 똑같다. 겉모습은 비록 서로 다르지만. 그렇다면 그 차이는 무엇일까?

나무는 과거라는 기억을 갖지 않고 항상 현재의 순간 순간을 살아가지만, 사람은 과거의 자신의 모습을 참된 모습인 양 생각하고 그 기억으로 현재의 자신의 모습을 보니 절망할 수밖에 없는 것이다.

우리의 몸이나 기억은 자라면서 생겨난 것이다. 그것은 허상이다. 허상을 믿으면 항상 상처를 받을 수밖에 없다. 왜냐? 허상은 항상 끊임없이 변하는 것이기 때문이다.

우리가 마음의 고통에서 벗어나기 위해서는 무엇이 허상인지 분명히 알지 않으면 안 된다.

팔다리가 없는 사람들만이 사는 나라에 팔다리가 없는 아이가 태어났다면 과연 그 아이가 팔다리가 없다고 절망할까? 물론 아닐 것이다. 당연한 모습으로 받아들일 것이다.

우리에게 상처를 주고 있는 것은 바로 과거의 경험인 기억에 불과하다.

생명만을 믿고 살라! 팔다리가 잘렸더라도 우리의 생명은 변함이 없다. 그 생명이 우리의 본질이다. 그 외의 것은 모두 허상이다. 그 허상에 집착하지 말라.

살아 있는 것은 순수 현재뿐이다. 생명은 끊임없는 흐름이다. 잠시도 멈추지 않는다. 그것은 흐르는 강물과 같다. 희랍의 철학자 헤라클레이토스는 이렇게 말했다.

"우리는 같은 강물에 두 번 들어갈 수 없다."

두 번째 들어갈 때는 처음의 그 물은 이미 흘러가 버린 뒤인 것이다.

그러니까 우리 인간들의 삶은 알고 보면 대부분 죽은 과거로써 현재의 살아 있는 삶을 끊임없이 망쳐 가고 있는 것이라고 보면 틀림없다.

우리의 마음이라는 것은 바로 경험의 집합체, 곧 기억이요 죽어 버린 과거인 것이다.

여기서 '나'를 좀 더 과학적으로 파헤쳐 들어가 보자.

'나'라는 것도 하나의 에너지 덩어리다. 에너지는 물질이다. 물질은 〈만유인력의 법칙〉, 〈관성의 법칙〉, 〈작용 반작용의 법칙〉의 지배를 받는다. 우리의 마음도 에너지 덩어리이므로 이런 법칙의 지배를 받는다. 물리物理와 심리心理는 궁극적으로 하나이기 때문이다. 쉽게 이해하기 위하여 예를 들어보자.

욕망과 만유인력의 법칙

우리가 처음으로 볼링이라는 것을 쳐봤다고 하자. 그러면 일단 볼링에 대한 경험이 우리 마음속에 쌓인다. 그러다가 어느 날 볼링에 대한 기억이 떠오른다.

'아, 심심해! 뭐 좀 재미있는 게 없을까? 아, 그래! 볼링!'

만약 우리가 볼링을 한 번도 본 적 없고, 쳐본 적도 없다면 볼링을 치고 싶다는 생각이 일어날 리가 없다.

자장면도 한번 먹어 본 사람이 다음에 또 먹고 싶어지는 것이고, 컴퓨터 오락도 해본 사람이 또 하고 싶어지는 것이다.

그렇다면 경험이라는 것도 하나의 에너지 덩어리로서 인력을 갖는다는 것을 알 수 있다. 그것을 바꿔 말하면 욕망이라고도 말할 수 있다.

우리 현대인들은 이런 경험이 마음속에 너무나 많이 쌓여 있기 때문에 그로 인한 욕망 또한 헤아릴 수 없다. 그것은 시골 사람보다 도시 사람들이 더 많다.

러셀이라는 영국의 사상가가 있었다. 그가 아프리카의 어느 오지 마을에 간 적이 있었다. 거기서 그는 크게 놀랐다.

'이 사람들은 별로 즐길 만한 도구도 없는데도 하루 종일 무엇이 그리 즐겁지? 뭐가 즐거워서 흥에 겨워 춤추고, 먹고, 마시고 하는 거지?'

그는 이상하게 생각되었다.

'현대 문명인들은 가진 것도 많고, 즐길 것도 많은데 왜 그들보다 더 불행한가?'

그것은 당연한 것이다.

그 원주민들이 영화를 본 적이 있을까?

TV를 본 적이 있을까?

오락을 해본 적이 있을까?

그들은 문명의 이기에 대해서 거의 경험해 본 게 없다. 때문에 그것들에 대한 욕망조차 가질 수 없는 것이다.

또 하나의 예를 들어보자.

만약에 다이아몬드와 과자를 어린아이와 어른한테 각각 주면 거의 대부분, 어린아이는 과자를 집고, 어른은 다이아몬드를 집는다. 왜냐? 어른은 다이아몬드의 가치를 경험적으로 알고 있고, 어린아이는 모르고 있기 때문이다. 아주 원시 시대에는 다이아몬드를 그저 장난감 정도로 가지고 놀았다. 비록 어른일지라도.

결국 어떤 것에 대한 경험(지식)은 인력을 갖고 있어서 그것이 욕망으로 작용한다는 것을 알 수 있다.

자기주장과 관성의 법칙

우리 마음의 구성 요소인 경험의 집합체는 하나의 에너지 덩어리로서 자기 자신을 유지하려는 본능을 갖고 있다.

이것을 쉽게 설명해 보자. 만약에 여기에 책상이 있다고 하자. 한 사람은 그것을 책상이라고 배워 왔고, 또 한 사람은 데스크desk라고 배워 왔다고 하면, 이 두 사람은 서로 자기가 '맞다'고 하면서 싸울 것이다. 그러다가 여러 사람이 한꺼번에 나타나서 다 같이 책상이라고 말한 사람의 편을 든다면 평생 책상을 데스크라고 알고 살아왔던 사람은 미치고 팔딱 뛸 정도로 매우 화나고 기분 나쁠 것이다.

왜 이런 현상이 벌어질까? 그것은 책상이라고 해도 좋고, 데스크라고 해도 좋고, 사과라고 해도 좋다. 그것은 사람이 정하기 나름이다. 사회적 약속에 불과하다.

그런데 왜 기분이 나쁠까? 그것은 바로 우리의 경험 자체는 자신을 유지하려는 본능을 갖고 있기 때문이다.

우리가 생각의 차이로 서로 싸우는 것은 모두 이와 같은 것이다. 사실 둘 다 맞다.

이 세상에 100% 맞는 것은 있을 수 없다. 왜냐? 언어 자체가 완전한 게 못 되기 때문이다. 그래서 진리는 말로 표현할 수 없는 것이라고 하는 것이다.

무지개가 일곱 색깔인가? 아니다. 그 사이 사이에는 너무나 많은 미묘한 색깔들이 놓여 있다. 그러면 사실 무지개는 일곱 색깔이 아닌 것이다.

'사과는 빨갛다.' 천만에. 사과는 노란 것도 있고, 파란 것도 있다.

'저 놈은 나쁜 놈이야!' 아니다. 아무리 나쁜 사람에게도 좋은 점이 있는 법이다.

그렇게 말하면 그것은 틀린 말이다. 아니, 일부분만 맞는 말이다. 어떤 사실에 대해서 열 사람이 말했다면 그 열 사람의 말은 일부분씩은 다 맞는 말이다. 누가 더 많이 맞고, 더 적게 맞고의 차이만이 있을 뿐이다. 언어는 이렇게 불완전한 것이다.

그런데 우리 인간은 이런 불완전한 언어로 된 지식을 100% 맞는 듯이 알고 주장하기 때문에 남들과 싸움을 벌이게 되고, 그로 인해 기분이 나빠지는 것이다. 설혹 그 싸움에서 이길지라도 기분이 별로 좋지 못하다. 그것은 사랑이 아니기 때문이다.

이렇게 우리는 우리가 갖고 있는 지식을 믿고 그것을 주장한다. 그러다가 누가 그 주장에 대해서 강하게 반발하고 나오면 그 지식을 지키기 위해서 발버둥이 친다. 그것은 바로 우리의 경험(지식) 자체가 자신을 지키고자 하는 관성을 갖고 있기 때문이다.

그것이 무너진다는 것은 곧 자신의 죽음과 같다. 종교적인 지식도 예외가 아니다. 그것도 어차피 지식과 경험의 범주를 벗어나지 못하니까.

결국 우리 인간의 경험의 집합체인 '나(에고)'는 자신이라는 존재를 유지하기 위하여 그 자신을 강하게 고집하고 지키려고 하며, 그것은 바로 에너지 자체가 <관성의 법칙>을 갖고 있음을 말해 주는 것이다.

사랑과 작용 반작용의 법칙

마지막으로 <작용 반작용의 법칙>. 사람의 마음도 하나의 에너지 덩어리이므로 <작용 반작용의 법칙>이 작용한다.

우리가 먼 길을 가다 보면 쉬고 싶은 마음이 생긴다. 마찬가지로 우리의 마음도 인력의 작용의 이면에는 그 인력을 풀어 버리려는 작용도 동시에 갖고 있다.

비유해서 설명해 보자. 여기 물방울 하나와 바다같이 큰물이 있다고 하자. 이 물방울은 자신을 유지하기 위해서 노력하지만 언젠가는 자신이 햇빛에 증발해 버리거나 사라져 버린다는 걸 알고 있다. 그래서 물방울 자신은 자신을 온전히 유지하기 위해 자신보다 큰 존재와 하나가 되려고 하는 본능을 갖고 있다.

작은 물방울과 큰 물방울이 가까이 있으면 작은 물방울은 큰 물방울에 가서 달라붙는다. 그러니까 부분은 전체와 하나가 되려고 하는 본능이 있다는 말이다.

사실 물방울 자신이 자신을 영원히 보존하기 위해서는 바다 속에 뛰어들면 된다. 바다와 하나가 되면 되는 것이다.

인간에게는 자기 자신을 잃어버리고 전체와 하나가 되

기 위한 작용으로서 '사랑'이라는 현상이 있다. 사랑 속에 있을 때, 우리는 뭔가 늘 끌어당겨서 존재하려는 마음의 인력권(욕망)으로부터 잠시나마 벗어날 수 있다. 끌어당기 기만 한다는 것은 너무나 피곤한 일이기 때문이다.

사랑은 자신의 인력을 희생하지 않으면 안 된다. 자신의 마음의 인력, 즉 욕망이나 욕심을 가진 채로 사랑한다는 건 불가능하다. 그것을 가진 채로 사랑을 하게 되면 그 사 랑은 100% 깨어지게 되어 있다.

물방울이 자신의 본모습을 유지한 채로 어떻게 바다와 하나가 될 수 있겠는가? 바다와 하나가 되려면 물방울 자 신의 모습을 버려야 한다. 사랑도 이와 같다.

자신의 경험의 집합체인 '나(에고)'를 희생하지 않으면 상대방을 제대로 사랑할 수 없다.

여자가 결혼하면 집에서 가사 일만 해야 된다고 생각하 는 남자는 그렇게 생각하지 않는 여자와는 제대로 사랑할 수가 없다. 상대를 사랑한다면 자신의 그 생각을 희생해야 한다. 그것이 상대의 행복이라면.

사랑은 '나'의 희생 없이는 불가능하다. '나'만을 사랑 하는 사람은 사랑도 제대로 할 수 없다.

인간에게는 사랑이 필요하다. 왜냐? 우리는 사랑을 통해서 '나(에고)'의 인력(욕망, 욕심)을 희생함으로써 자신의 본질인 '생명(사랑)'을 발견할 수 있기 때문이다.

사랑에는 마음의 아픔이 따른다고 하는데, 그 마음의 아픔이라는 것이 바로 '나(에고)'의 죽음이요 희생이다. '나'가 죽어야 우리의 본질인 생명(사랑, 조화, 자유)이 비로소 제 빛을 발할 수 있다.

그러나 대부분의 사람은 '나'의 죽음을 두려워한다. 그래서 사랑에 빠지다 보면 어느 순간 '벗어나고파!' 하는 심정이 드는 이유도 바로 거기에 있다.

'아픈 만큼 성숙해진다'는 말은, '나(에고)'의 죽음을 통하여 자신의 본질인 '생명(사랑)'을 발견했다는 말의 다른 표현이다.

사랑에 관한 얘기는 뒤에 가서 또다시 해야 되기 때문에 이 정도에서 그치겠다.

이상에서 우리는 우리의 마음도 '인력의 작용(에고)'의 이면에는 그 '인력을 풀어 버리려는 반작용(사랑)'도 동시에 갖고 있다는 것을 알 수 있다.

절망의 이유

IMF 때 실직으로 좌절하거나 절망하거나 자살한 가장들이 많았는데, 그 근본적인 이유는 바로 자신의 본질에 대한 무지에 있다.

어떤 사람이 어느 대기업의 총무과에서 20년을 일하다가 명예퇴직을 했다. 지금 나이가 마흔 여덟인데, 무엇을 해야 될지 몰라 절망하여 매일 술로 나날을 보내고 있다고 하자.

그렇다면 대체 그가 절망하고 있는 이유는 무엇일까? 여러 가지 복합적인 요인이 있겠지만, 그 중에서도 가장 큰 이유는 아마 '나(에고)'를 자신의 참 모습으로 알고 있기 때문일 것이다.

그는 평생 총무과 일만을 해 왔다. 그러니까 그의 경험은 총무과 일에만 익숙해져 있는 것이다. 그러다가 갑자기 실직을 당하게 되니까 그의 경험은 당황해졌다. 이제 그는 그가 경험하지 못한 세계에 뛰어 들어가야 하기 때문이다.

경험의 집합체인 우리의 마음우 <관성의 법칙>을 갖고

있기 때문에 자신이 익숙해져 있는 일만 계속하려는 본능을 갖고 있다. 그런데 갑자기 경험 밖의 일을 하려고 하니 두려울 수밖에 없는 것이다. 그것이 절망의 가장 큰 이유이다.

그러나 사실 생각해 보면 그 사람이 태어날 때부터 총무과 일을 배워서 나온 게 아니다. 자라면서 배운 것이다. 그렇다면 또 다른 일도 배우면 된다. 그 사람이 자신의 본질이 자신의 '살아 있음(생명)'이라는 것을 안다면 그는 어떤 일이라도 새롭게 시작할 수 있을 것이다.

사람이 살아 있는 한 하지 못할 일은 없다. 좌절과 절망과 자살은 경험의 세계인 '나(에고)'가 하는 것이지, 우리의 본질인 생명은 결코 좌절하는 법이 없다. 생각이 좌절하는 것이다.

그 생각은 경험이요 과거요 기억인 '나'로부터 나온 것이다. 그 생각을 무시하라!

구름이 좌절하는 것이지, 하늘은 결코 좌절하지 않는다.

거울 속의 그림자가 좌절하는 것이지, 거울 자체는 결코 절망하는 법이 없다. 그림자가 좌절한다는 것은 얼마나 우스운 일인가.

어떤 절망적인 상황이 오더라도 우리가 살아 있다면 그것이 우리의 전부요, 그 '살아 있음'이 우리의 본질이다.

어제까지 있었던 벤츠600, 그것은 한낱 머릿속의 기억에 불과하다. 우리가 기억을 전부 상실한다면 벤츠600을 잃었는지 어떻게 알 수 있겠는가? 엄마 뱃속에서부터 가지고 나온 것도 아니지 않은가? 그것은 한낱 기억이요 과거요 경험이다.

그것은 현재 없다. 진실은 오로지 실존 외에는 없다. 실제로 현재 존재하고 있는 것만이 진실이다. 과거나 미래는 허상이요 진실이 아니다. 그것을 믿지 말라!

살아 있는 한, 우리는 언제든지 새로 시작할 수 있다. 50에도, 60에도, 70에도 시작할 수 있다. 나이라는 게 뭔가? 그것도 경험이 아닌가? 어느 날 갑자기 모든 기억을 상실한다면 자신의 나이를 어떻게 알 수 있겠는가? 단, 몸의 노쇠는 부정할 수 없겠지만.

어떤 미친 할머니가 있었다. 이 할머니를 양로원에 데려가기 위해 장정 서너 명이 달라붙었는데도 그 할머니의 힘을 감당할 수 없었다. 그렇다면 도대체 그 힘은 어디서 나오는 것일까? 그것은 바로 그 할머니 스스로 자신이 나이를 먹었다는 것을 인식하지 못하고 있기 때문이다.

생명의 힘은 그토록 대단하다. 그 힘을 약하게 하는 것은 바로 우리의 관념, 곧 경험이요 기억이다.

"나는 60살이니까 이제 죽을 날도 멀지 않았다."

그런 관념이 그 힘을 약하게 만드는 것이다. 우리는 70이 되어서도 대학에 들어갈 수 있다. 무엇이 두려운가?

우리의 본질인 생명은 뭐든지 할 수 있다. 자신의 경험의 집합체인 '나'를 자신의 본질이라고 믿지 말라! 그것은 필름 속의 영상이요, 하늘에 떠다니는 한 조각의 구름이다. 그것은 실체가 아니다. 그것은 언제든지 변할 수 있는 것이다.

우리는 모든 것을 갖췄다. 아무 것도 부족한 게 없다. 건강한 몸이 있고, 팔이 있고, 두 다리가 있고, 두뇌가 있다. 그것을 사용하면 언제든지 또다시 인생을 시작할 수 있다. 대체 무엇이 두려운가?

두려움 자체도 실체가 아니다. 힘을 내어 새롭게 시작하라!

생명의 신비

우리의 본질인 생명은 자유요, 사랑이요, 조화 그 자체다. 우리가 '나(에고)' 의 집착에서 벗어나 생명과 하나가 되면 우리는 노력하지 않아도 저절로 참 자유를 누리게 되고, 사랑 그 자체가 되고, 모든 존재와 조화를 이루게 된다.

생명의 본질은 그와 같다.

생명은 그 자체가 자신을 보존하고 유지하기 위해서 자신의 안테나를 우주 끝까지 펼쳐서 항상 주변의 상황을 체크하고 있다. 주변 상황에 늘 깨어 있다. 그래야 위험으로부터 자신을 안전하게 보존할 수 있기 때문이다.

우리 주위의 나무를 보라! 그들은 겨울이 오면 저절로 잎사귀를 떨구어서 추위로부터 자신의 체온을 유지하고 있다. 그것을 하는 게 바로 생명이다.

거미가 태어나서 배우지 않고도 거미줄을 치는 것은 바로 생명이 시키는 대로 하는 것이다. 그것은 생명의 본능이요, 자기 보존의 법칙이다.

짐승들은 홍수나 재앙이 올 것 같으면 그것을 미리 감지하고 살 준비를 한다. 배가 사고가 날 것 같으면 쥐들은 미리 배를 탈출한다. 까치들은 홍수가 날 것 같으면 자신의 집을 좀 더 높은 곳에 옮겨 짓는다고 한다.

이것은 생명이 위험을 미리 감지하여 그렇게 시키는 것이다.

기러기들이 하늘을 날아갈 때 잘 눈여겨보라! 그들은 무리를 지어 커다란 한 마리의 새 모양을 이루어 날아간다. 그것은 적으로부터 자신들을 지키기 위한 것도 있지만, 그보다는 먼 길을 힘들이지 않고 가기 위해서라고 말하는 게 옳을 것이다. 앞선 기러기들이 날개 짓을 하면 그로 인하여 기류의 변화가 일어나는데, 그러면 뒤에 따라오는 기러기들은 그 기류를 타고 쉽게 날아갈 수 있는 것이다.

그러니까 혼자 날아가면 보다 큰 기류를 만들 수 없기 때문에 날기 위한 에너지가 더욱 많이 소비된다. 그러나 무리를 지어 큰 새의 형태를 이루면 기류를 타기가 훨씬 쉽다.

또 그렇게 날아가다가 앞장선 기러기가 힘들어하면 뒤에 있던 기러기와 교대를 한다. 그것은 거의 오토매틱이다. 우리 인간의 입장에서 볼 때는 그저 신기할 따름이다.

그것이 바로 생명의 신비다.

생명은 전지전능하다. 생명은 그 자체가 자기 보존의 본능을 갖고 있기 때문에 저절로 그런 형태를 취하고 조화를 이룬다. 그들은 경험이라는 '나(에고)'가 없고 생명 그 자체이기 때문에, 자기를 우기거나 주장하는 법이 없다. 앞에 서면 추우니까 자기는 뒤에서만 따라가겠다든가 하는 법이 없다.

생명은 이와 같이 그 자체의 조화의 능력으로 항상 자신을 지키는 데 최선을 다한다.

사람도 이와 같은 생명을 지니고 있다. 그런데 왜 우리 인간은 이런 능력을 발휘할 수 없는 것일까?

사실 인간은 누구나 이런 능력을 다 갖추고 있다. 그러나 우리의 '나(에고)'가 그 생명의 지혜를 자꾸 가로막고 있기 때문에 그런 능력이 발휘되지 못하고 있는 것일 뿐이다.

자동차 사고 중의 대부분은 딴 생각을 하다가 나는 것이다. 운전 중에 깨어 있지 못했기 때문이다.

생명은 '깨어 있음' 그 자체이다. 순수 현재이기 때문이다. 그런데 맑디맑은 거울 속을 과거라는 기억이 생각으로 구름처럼 떠다님으로써 흐려 놓는 것이다. 때문에 주의력이라는 안테나가 제대로 작동할 리 없는 것이다.

우리의 '생명(사랑)'이 '나(에고)'로부터 벗어나면 벗어날수록 우리는 점점 지혜로워지고 조화롭게 된다.

만약 사랑하는 형제 중에 누군가가 불행한 상황에 있다면 그쪽에서 전화해 오지 않더라도 우리의 생명이 그 상황을 안테나로 먼저 감지하여 우리 자신에게 신호를 해 온다. 마음 한 구석이 뭔가 불편해지면서 불현듯 전화하고 싶은 생각이 든다.

생명은 이렇게 자신과 밀접하게 관계되는 모든 상황을 늘 안테나로 감지하고 있기 때문에 문제가 발생될 수 있는 부분이 있으면 미리 알려서 그것을 해결하지 않으면 안 되게 한다. 그것은 자신을 보존하기 위한 본능이다.

사랑 받으려면

그러기 위해서는 주변과의 조화가 필수적이다. 가정에서나, 학교에서나, 회사에서나, 어디에서나 그곳이 어려움에 처했을 때 거기에 조화하여 최선을 다하는 사람은 누구에게나 인정받고 사랑 받을 수 있다.

그렇지 않고 주위와 조화하지 않고 '나'의 욕망대로 움직이는 사람은 사고가 나거나, 남의 지탄을 받거나, 감옥에 가거나, 심지어는 죽음까지도 초래할 수 있다.

이런 불상사로부터 우리가 안전하기 위해서는 필히 우리의 본질인 생명(사랑)을 찾지 않으면 안 된다.

'나(에고)'를 희생한다는 것이 어쩌면 엄청나게 손해인 것 같지만, 사실 알고 보면 가장 자신을 위하는 행위이다. 그런 사람이야말로 이 세상에서 가장 존경받고 사랑 받을 수 있다.

우리가 지금 살아 있을 수 있는 것은 지구가 우리를 끌어당겨 주고 있기 때문이요, 공기와 물이 있기 때문이요, 부모가 있었기 때문이요, 그 외의 수많은 것들이 있기 때문이다.

더 정확히 말해서, 우리가 이 세상에 존재하기 위해서는 우리 자신보다 우리를 떠받쳐 주고 있는 부대적인 세계를 더 소중히 해야 한다. 그래야 우리 자신을 온전히 보존할 수 있기 때문이다. 그렇지 않으면 우리는 주위로부터 외면 당하게 되고, 손가락질 받으면서 비참한 삶을 살지 않으면 안 된다.

생명은 그 자체가 사랑이요 조화이기 때문에 부대적인 세계를 자신의 몸처럼 아끼고 사랑한다. 어떤 상황에서도 자신을 고집하지 않고 주변과 참된 조화를 이룬다. 그것이 가장 자신을 온전히 보존하는 길이기 때문이다. 이것이 진정한 지혜이다.

지금까지 우리는 우리가 왜 '사랑(생명)'을 찾지 않으면 안 되는지에 대해서 깊이 탐구해 보았다. 여기까지 읽어 오면서 여러분 스스로도 새삼 놀랐을 것이다. 우리 인간이 얼마나 자신에 대해서 무지한지를.

그래서 옛날에 소크라테스가 "너 자신을 알라!"라고 외쳤는지도 모른다.

우리 모두는 자기 자신을 너무 모르고 있다. '나(에고)'

가 얼마나 우리 마음속에 뿌리깊이 박혀 있는지, 그리고 그것이 얼마나 우리 자신을 고통 속에 몰아넣고 있는지 모르고 있다.

우리가 '사랑(생명)'을 찾지 않으면 그런 고통에서 영원히 벗어날 수 없다. 지금 인류가 겪고 있는 국가 간의 전쟁이나 분쟁, 갈등과 오해, 그리고 사회와 직장, 가정의 그 모든 문제들의 태반이 우리가 우리 자신의 본질을 모르기 때문에 벌어지는 것이다.

이것이 바로 우리가 '사랑(생명)'을 찾지 않으면 안 되는 이유이다.

사랑(생명)을
찾는 법 | 3

우리의 본질인 '사랑(생명)'을 찾아 가는 과정은 쉽게 말하면 수양의 과정이라고 할 수 있다.

"그러면 그 수양의 과정에는 과연 어떤 방법이 있는가?"

물론 있다. 이 방법은 예전부터 많은 사람들이 써왔던 것인데, 바로 〈관조〉와 〈이해〉와 〈인내〉라는 것이다. 그러니까 자기 자신의 마음의 움직임을 마치 연극을 보듯이 지켜보면서 이해하고 견뎌내는 것이다. 이것이 '거듭나기'의 정수다.

사실 '사랑(생명)'을 찾는다는 것은 그리 쉬운 일은 아니다. 우리가 너무나 오랫동안 '나(에고)'를 우리의 본질로 착각하고 살아왔고, 또 '나'가 우리 마음속에 너무나 뿌리 깊게 자리 잡고 습관화되어 있어서 그것을 뿌리째 뽑아 버린다는 것은 거의 자신의 죽음과도 같은 것이기 때문이다. 그래서 설사 자신이 '사랑(생명)'이 무엇인지 알았다 하더라도 '나'의 구속에서 벗어난다는 것은 참으로 어려운 일이다.

그러나 우리가 진정 자유와 행복을 누리기 위해서는 어떻게든 우리의 원래의 생명의 고향으로 거슬러 올라가지 않으면 안 된다. 어찌 보면 그것은 우리 인간의 숙명인지도 모른다.

연어가 자신이 떠나온 모천母川을 찾아 물살을 거슬러 올라가듯이, 우리는 우리의 자유와 사랑과 조화의 근원인 생명의 고향을 향하여 '나(에고)'를 거슬러 오르지 않으면 안 된다. 우리 마음속의 '나'는 애초에 우리 스스로가 만들어서 흘러 내려온 것이기 때문에, 그 '나'를 무너뜨리는 일도 우리 스스로 할 수 있는 일이다. 흘러 내려온 그 반대로 다시 거슬러 올라가면서 제거해 나가면 되는 것이다.

차이점이라면, '나'는 우리 자신도 모르게 만들어진 것
이지만, 그것을 거슬러 올라가는 일은 의식적으로 하지 않
으면 안 된다는 것이다.

'나'를 어떻게 알 수 있을까

우리는 자신의 마음속에 들어앉아 있는 '나(에고)'를 제대로 알고 있지 못하다. 알고 있는 것이라고는 아주 피상적인 것밖에 없다.

"나는 매우 가난해."

"나는 성격이 좀 우유부단한 것 같아."

"나는 겁이 너무 많아."

기껏해야 이런 정도에 머물러 있다.

앞에서 이미 언급했지만, '나'를 구성하고 있는 요소는 헤아릴 수 없을 정도로 많다. 더구나 그것은 또 매우 복합적인 것이기 때문에 하나하나 분리해서 말할 수 없는 미묘한 것들도 많다. 어떤 것은 우리의 무의식 깊은 곳에 숨어 있기 때문에 그것을 찾아내기란 깊은 바다에서 보물을 찾아내는 것만큼이나 어렵다.

"난 남자만 보면 전부 다 속물로 보여."

그 이유는 남들은 물론 자신도 잘 모른다. 그러나 본인의 어린 시절로 거슬러 올라가 보거나, 무의식 깊은 곳에 들어가 보면 그 원인을 알 수 있다. 그런 생각조차두 '나'

를 구성하고 있는 하나의 요소가 된다. 그것도 우리가 세상을 살아가는 데 있어 하나의 장애가 된다.

때문에 그 원인을 자각하여 그런 생각을 태워 버려야 한다. 사랑과 자유와 조화의 삶에 장애가 되기 때문이다.

그러면 어떻게 하면 '나'라는 존재를 속속들이 알아내어 의식 밖으로 드러내 놓을 수 있을까? 일단 그게 돼야 관조와 이해와 인내의 방법으로 극복해 나갈 수가 있을 텐데 말이다.

"그럼, 좋은 방법이 있는가?"

물론 있다. 그것은 바로 '인간관계 속에서'라고 할 수 있다. 그것도 경쟁이 치열한 이 세상 속에서 말이다.

부딪힘이 없으면 우리는 '나'를 알 수 없다. 나 자신이 어떤 꼴을 하고 있는지.

이모의 아들이 대학에 떨어져서 재수를 하고 있었다. 그가 어느 날 우연히 친한 친구들을 여러 명 만났다. 그런데 그 친구들은 전부 다 대학에 다니고 있었다. 그 친구들과 어쩌다가 술자리를 같이하게 되었다.

그 친구들은 술을 마시면서 온통 대학에 관계된 얘기만 하고 있었다. 대학 동아리 얘기에다 미팅 얘기에다, 자기는 시간표를 잘 짜서 4일만 나가면 된다느니 하면서. 그 애기를 들으면서 이모의 아들은 계속 애꿎은 술만 들이켜고 있었다. 그러다가 갑자기 일어나더니 술병을 바닥에 내리치면서 외쳤다.

"야, 이 자식들아! 대학 애기 좀 그만 해!"

왜 이런 일이 벌어지게 되었을까?

그의 마음속에는 어느새 자기도 모르게, 대학에 떨어졌다는 것이 하나의 콤플렉스가 되어 자리 잡고 있었던 것이다. 작년까지만 해도 친하게 잘 지냈던 친구들이었는데 왜 올해는 이렇게 달라졌을까?

그의 마음에 하나의 새로운 경험이 '나'의 구성 요소로 자리 잡아서 그것이 그를 구속하여 장애를 만들었던 것이다. 이 상황에서 그는 자신에게 숨겨져 있는 새로운 '나'를 찾아낼 수 있는 것이다.

'나'를 찾는 지름길

　인간관계 속에서는 수많은 부딪힘이 존재한다. 그 부딪힘 속에서 우리는 '나(에고)'의 꼴을 알 수 있다.

　원래 우리의 본질은 생명 에너지 그 자체라서 빈 허공과 같은 상태이다. 그런데 거기에 '나'라는 구름이 떠다니면서 외부의 상황과 부딪치면서 '기분 나쁨'이라든가 '고통'이라는 것을 일으키는 것이다.

　우리의 마음이란, 가을날의 맑은 하늘과 같아서 평상시 아무런 일이 없을 때는 고요하고 평화롭다가도 과거의 기억이 떠오르면서, 혹은 대상과 부딪치면서 혼란해지거나 괴로워진다. '나'는 바로 그런 상황에서 자신의 모습을 드러낸다.

누군가 우리에게 욕을 했다고 하자. 우리는 경험적으로 한국말을 알기 때문에 그 욕을 듣자마자 마음속에서 즉시 해석을 한다. 그리고 그 즉시 기분이 나빠지면서 감정이 일어난다(만약 한국말을 모르는 외국인이라면 결코 기분 나쁘지 않을 것이다).

이 때 우리는 언어에 얽매여 있는 '나'를 발견할 수 있다. 자신에게 욕을 해준 사람이 있었기 때문에 그런 발견도 가능한 것이다.

만약에 어떤 사람이 무인도에 들어가서 혼자 살고 있다면 그는 자신의 꼴이 어떤 형태로 마음속에 자리 잡고 있는지 알 수 없을 것이다.

'나'를 빨리 발견하기 위해서는 될 수 있는 대로 많은 관계 속에 놓여 봐야 한다. 그것이 자아 발견의 지름길이다.

우리 마음속의 보석

'나(에고)'는 전기의 저항에 비유할 수 있다. 원래 우리의 본질인 생명 에너지는 자유, 사랑, 그리고 조화 그 자체이기 때문에 아무런 장애나 막힘이 없이 자유자재로 흐르는 존재이다.

그런데 거기에 경험의 세계가 우리 마음속에 고착되어 '나'라는 것이 뿌리내리게 되면서부터 우리 마음속에는 '나'로 인한 저항이 생겨나기 시작했다. 그것이 바로 우리가 겪는 마음의 고통이요 괴로움이다.

전기도 저항이 없을 때는 막힘없이 잘 흐른다. 전기가 흐른다는 것조차 잘 느낄 수 없다. 그러다가 뭔가 저항이 생기면서 흐름이 느려지거나 막히거나 불꽃이 튀는 것이다. 우리 인간의 마음속에서도 바로 그와 똑같은 현상이 벌어지고 있다. 우리의 마음이라는 것도 하나의 에너지 덩어리이기 때문이다.

우리 인간은 원래 자유롭고 평화로운 존재이다. 이 세상의 모든 생명체들을 보라! 그들의 어디에서 고통과 불행을 볼 수 있는가? 그들은 단지 먹을 것만 해결되면 마냥 평화롭다. 그러나 우리 인간은 먹을 게 해결되고, 많은 것을 가질지라도 그들처럼 평화롭지 못한 게 현실이다.

그래서 우리도 빨리 우리 마음속에서 '나'로 인해 벌어지는 저항과 장애(고통과 괴로움)를 하루빨리 발견하여 그로부터 해방되어야 한다.

그렇게 되면 우리의 본질인 '생명(사랑)'은 그 과정에서 자연스럽게 자신의 숨겨진 모습을 드러내게 될 것이다. 흙을 벗겨내면 숨어 있던 보석이 그 빛을 저절로 드러내듯이.

고통의 이유

우리 몸이 건강할 때는 마치 몸이 없는 듯한 느낌을 받는다. 그러다가 몸의 어딘가가 아프면 그곳만이 자신의 전부인 듯 느껴진다. 그러면 우리는 어떻게든 그 아픈 부위를 낫게 하기 위해 별별 수단을 다 쓴다. 다 낫게 되어서야 비로소 우리는 안심한다.

간혹 어떤 사람은 자신의 어디가 조금씩 아프더라도 그냥 별거 아니겠지 하고 내버려둔다. 그런 사람들은 결국 치명적인 상황에 이르러서야 부랴부랴 병원에 가고 이리

저리 날뛴다. 그러나 그 때는 이미 늦은 경우가 많다.

우리 몸의 어딘가가 아픈 것은 그것을 느끼고 그 원인을 빨리 찾아내어 치료하라는, 생명이 스스로를 지키기 위해 보내는 경고다. 그 경고를 무시하게 되면 우리 몸은 건강할 수 없다.

만약 우리 몸이 어딘가 아프더라도 아무런 경고가 없다면 우리는 몸의 어느 곳이 완전히 없어지거나 썩어버리거나 망가지게 될 것이다.

자는 동안에 집에 불이 났는데도 전혀 뜨거움을 느끼지 못한다면 그 결과는 곧 죽음이다. 뜨거운 난로에 손이 닿았는데도 뜨거움을 느끼지 못한다면 그 손은 결국 잘라내 버려야 할 것이다.

위가 아프면 위를 조심하라는 경고다. 그러면 술이나 담배를 끊거나, 음식물을 조심하거나, 위에 부담을 주는 것들을 먹지 말아야 한다. 그러면 곧 위는 회복된다.

결국 우리 몸이 아픈 것은 건강을 지켜주기 위한 생명의 친절한 배려라고 할 수 있다. 이것은 우리의 육체뿐만 아니라 우리 마음속에서도 똑같이 작용하고 있다.

만약 우리의 마음속에 어떤 아픔이나 고통이 있다면 그

도 또한 그 아픔이나 고통의 원인을 빨리 찾아서 해결하라는 생명의 친절한 경고인 것이다.

사실 우리의 마음도 몸의 건강과 같이 원래는 아무런 아픔도 없는 상태가 정상이다. 그런데 어느 때 갑자기 마음의 고통이나 아픔이 나타났다면 그건 뭔가 저항이나 잘못된 부분이 있기 때문이다. 그 원인을 찾아서 치료해 주면 된다.

그런데 정말 이상한 것은, 사람들은 자신의 몸의 아픔은 그런 대로 신경 써서 치료하고 처방하지만, 자신의 마음의 고통에 대해서는 그냥 괴로워만 할 뿐 그 원인을 찾아서 치료할 생각은 거의 하지 않는다는 사실이다.

그렇다면 우리는 이 기회에 이런 사실을 절실히 느끼고 그 처방을 터득하지 않으면 안 된다. 그렇지 않으면 우리가 바라는 행복이란 결코 이루어질 수 없다.

결국 우리의 마음의 고통은 수많은 관계 속에서 생긴다. 그 마음의 고통의 정체는 알고 보면 우리 마음속의 '나(에고)' 다. '나'를 제대로 알았을 때 우리는 비로소 마음의 고통이나 아픔에서 벗어날 수 있다. 그랬을 때 우리는 우리의 마음의 가장 건강한 상태, 아무런 고통이 없는 '생명(사랑)' 의 상태를 알 수 있다.

신의 은총

그런 점에서 보면 우리가 살아가면서 만나게 되는, 우리를 괴롭히는 존재들이 있다면 그 존재들은 사실 우리 눈앞에서 영원히 사라져 버렸으면 좋은 존재들이지만, 한편 생각하면 그 존재들은 우리의 본질인 '생명(사랑)'을 발견하게 해주는 아주 고마운 존재들, 곧 종교에서 말하는 '신의 은총'이라고 생각해야 한다. 그들이 없다면 우리는 우리 자신의 마음속 깊숙이 숨겨져 있는 '나(에고)'의 정체를 영원히 알 수 없을 것이기 때문이다.

우리가 살아가면서 부딪치게 되는 마음의 장애와 저항은 바로 '나' 때문이라고 할 수 있다. 이 장애와 저항이 바로 우리 모든 인간의 마음의 아픔과 고통의 원인이다. 이 장애를 제거해 버리지 않으면 안 된다. 이것이 바로 우리 인간의 숙명이다.

또한 우리 인간은 이들로부터 벗어날 수 있는 능력도 갖고 있다. 그리하여 드디어 '나'의 구속으로부터 영원히 해방되었을 때 우리는 비로소 우리의 본질인 '생명(사랑)'과 하나가 되어 사랑과 자유와 조화의 삶을 마음껏 구가할 수 있을 것이다.

　그러면 이제부터 인간 세상 속에서 벌어질 수 있는 수많은 관계를 하나하나 생각하면서, 그 속에서 우리가 어떻게 '나(에고)'의 장애를 극복하고 숨겨진 보석인 '생명(사랑)'을 찾을 수 있는지 탐구의 길에 올라보도록 하자.

사랑(생명)을 찾는 최고의 방법

　우리의 본질인 '사랑(생명)'을 찾아가는 과정은 쉽게 말하면 수양의 과정이라고 할 수 있다.

　"그러면 그 수양의 과정에는 과연 어떤 방법이 있는가?"

　물론 있다. 이 방법은 예전부터 많은 사람들이 써왔던 것인데, 바로 <관조>와 <이해>와 <인내>라는 것이다. 그러니까 자기 자신의 마음의 움직임을 마치 연극을 보듯이 지켜보면서 이해하고 견뎌내는 것이다. 이것이 '거듭나기'의 정수다.

그런데 여기서 여러분이 궁금해할 수 있는 것은, 어떻게 관조하고 이해하고 인내하는 것만으로 수양이 되느냐 하는 점이다. 장담하건대, 분명히 수양이 된다.

쉽게 설명해 보자. 만약 어떤 사람이 목욕탕에서 목욕을 하고 있다고 하고, 그리고 그 목욕하는 사람을 '나'라고 하자.

그 목욕탕 출입문에는 조그만 구멍이 나 있다. 지금 그 사람은 목욕탕 안에서 목욕을 자유롭게 여러 가지 움직임을 보이면서 하고 있다. 그러다가 누군가가 출입문 구멍을 통해서 보고 있다는 것을 알게 되면 그 때부터 그의 행동은 제약을 받게 된다. 마음대로 움직일 수 없게 되는 것이다.

그렇다. '나'라는 것도 밖에서 누군가가 지켜보고 있으면 마음대로 행동하지 못한다. 아무도 지켜보지 않고 멋대로 놔두니까 제 마음대로 활동하는 것이다. 이것을 통제하지 않으면 우리는 수없이 많은 고통을 받지 않으면 안 된다. '나'라는 것은 제멋대로 놔두면 이 세상에 전쟁과 투쟁과 갈등과 질투, 오해, 억압 등의 부조화만 불러일으킨다.

때문에 우리는 '생명(사랑과 조화와 자유)'의 삶을 위해 '나'를 어떻게든 통제하여 우리의 본질인 생명의 노예로 만들지 않으면 안 된다. 그래야 우리는 '나'라는 경험의 세계를 사용하여 이 세상에 사랑과 조화와 자유의 삶을 창조해낼 수 있다.

그러면 이제부터 '나(에고)'를 바로 보고 '사랑(생명)'을 찾는 길에 한 발자국 다가서 보자.

이를 위해서는 좀 더 구체적인 접근이 필요하다. 그래서 이제부터는 좀 더 구체적인 예를 가지고 '사랑(생명)'을 찾는 길을 모색해 보도록 하겠다.

우선 우리의 마음을 구성하고 있는 주요 구조물들의 항목을 분류한 다음에 그 순서대로 진행해 보자.

＊인간관계
＊물질(돈)
＊언어(지식)
＊동일시

인간관계로 인한 고통의 치유

사실 인간의 고통은 인간과의 관계에서 제일 많이 발생한다고 할 수 있다. 이 항목에서는 주로 나의 연애 체험을 가지고 이야기를 전개해 볼까 한다.

연애 체험, 하나 - "아이고, 맙소사!"

내가 사랑에 한참 빠져 있을 때의 얘기다. 물론 그녀도 나를 매우 사랑하고 있었다.

어느 날 나는 그녀와 만나기로 약속을 했다. 약속한 날이 되어 나는 그녀를 만나기 위해서 시내버스를 타고 30분 정도 가서 약속 장소에 찾아갔다. 아직 그녀는 와 있지 않았다. 잠시 후에 그녀가 들어왔다.

'아이고, 맙소사!'

나는 깜짝 놀랐다. 그녀 혼자가 아니었다. 친구들과 함께 온 것이다.

나는 같은 테이블에 앉아서 저녁식사를 하고, 술 한 잔을

간단히 함께 했다. 그리고 얼마 뒤 그녀가 나에게 하는 말,

"난 친구들과 할 얘기가 있으니까 먼저 가!"

'오, 이런 제기랄!'

나는 무척 기분이 나빴다.

나는 시내버스를 타고 오면서 여러 가지 생각을 했다.

'어떻게 그럴 수가 있을까? 사랑하는 사람이 왔는데 친구들을 데리고 오는 것은 무슨 일이며, 또 나를 보내고 친구들과 얘기를 나누겠다는 것은 무슨 일인가?'

나는 도저히 이해가 안 되었다. 내 마음은 고통스러웠다.

나는 그 이유를 곰곰이 생각해 보았다.

'내가 기분 나빴던 건 그 원인이 그녀한테 있는 게 아니라 나한테 있는 것이다. 내가 기분 나쁘게 된 것은, 내가 원하는 것이 이루어지지 않았기 때문이다. 그러니까 그녀를 만나서 달콤한 시간을 가질 거라 믿었던 나한테 문제가 있는 것이다.

세상은 끊임없이 변한다. 그녀가 친구들을 데리고 나오는 일도 있을 수 있는 일이다.

그녀와의 달콤한 시간을 상상한 건 실재가 아니라 미래의 허상일 뿐이다. 오로지 현재 벌어지고 있는 실존만이

진실이다. 그 외의 것은 다 허상이다. 이런 진실을 바로보지 못하고 마음의 허상만을 믿고 기대했던 내 마음속의 '나(에고)'가 상처를 입은 것이다.'

이렇게 아픔이 일어나는 마음을 관조하면서 아픔의 이유를 이해하고 나자 어느새 마음의 아픔은 사라지고 없었다.

그러니까 아픔을 느끼고 있는 '나'를 지켜보는 깨어 있는 의식, 곧 생명이 우리의 본질이다. 아픔은 단지 욕망을 품고 갔던 내 마음속의 '나'가 느끼는 것이다.

좀 더 실감나는 얘기를 해 보자.

만약 여러분이 몇 년 동안 사귀던 사랑하는 애인이 여러분을 버리고 딴 사람한테 갔다고 하자. 그러면 여러분의 가슴은 어떨까?

정말 죽고 싶은 심정일 것이다. 일도 손에 안 잡히고, 공부도 안 되고, 술이나 마시면서 그 고통을 잊기 위해서 발버둥 칠 것이다. 심지어는 그 고통을 잊기 위해서 자살하는 사람까지 있다. 겪어본 사람은 그 고통을 알 것이다. 정말 가슴이 무너지는 아픔 속에 죽고만 싶은 그 심정.

그러나 그렇다고 여러분이 죽지는 않는다. 생명이 죽는 것은 아니다. 단지 가슴만이 아플 뿐이다.

여기서 그 아픔의 이유를 분석해 보자.

만약에 여러분이 그를 사귀지 않았더라면 과연 가슴이 아플까? 여러분의 애인이 바로 눈앞에서 교통사고를 당해 죽는다고 하더라도 여러분이 그 순간 모든 기억을 상실한다면 과연 여러분의 가슴이 아플까?

"에이, 바보 같은 소리 작작 해. 내 애인도 아닌데 왜 아프겠어?"

그렇다. 아프지 않을 것이다.

가슴이 아픈 것은 여러분이 그를 사귀는 동안 가지게 된 여러 가지 경험, 주로 달콤한 경험, 그 경험에 대한 애착이 상처를 받는 것이다.

경험은 과거요 기억이다. 그것이 아프다고 하는 것이다. 가슴이 무너지는 것 같고, 죽을 것 같은 것은 마음에 한정된 것이다. 그렇다고 해서 여러분이 죽는 것은 아니다.

생명은 여전히 여러분을 감싸고 있다. 하늘의 구름은 떠나가도 하늘은 그대로 존재하듯이, 여러분의 영원한 실체인 '생명'은 거뜬히 살아 있다.

시간이 흐르면 구름도 흘러가고 변해 간다. 그것을 영원한 것인 양 붙잡고 있지 말라!

자신의 실체인 '생명'을 자각하면 그 아픔을 더 쉽게 극복할 수 있다. 결코 술이나 마약, 죽음으로 도피하지 말라! 그 아픔을 관조하면서 인내하라! 곧 사라질 것이다.

그래서 나온 말이 '아픈 만큼 성숙해진다'는 말이다. 단순한 유행가 속의 가사가 아니다.

연애 체험, 둘 - 쌍꺼풀 수술

또 이런 일이 있었다. 그녀가 나에게 말도 없이 쌍꺼풀 수술을 한 것이다. 그 전에는 쌍꺼풀이 질락 말락 했는데, 수술을 한 것이다.

내가 어느 날 그녀를 만났는데, 만나고 있는 동안 나는 내내 다른 여자와 앉아 있는 듯한 생소한 느낌을 받았다.

'아니야! 이 여자는 전에 내가 사귀던 여자가 아니야!'

나는 괴로웠다. 나는 그녀의 수술하기 전의 이미지를 좋아해서 사랑했는데 그 이미지가 하루아침에 바뀌어 버리니 당황하지 않을 수 없었다.

그날 밤, 나는 또 아픔이 일어나고 있는 내 마음을 관조하면서 그 이유를 곰곰이 생각해 보았다.

'그것은 바로 나의 그녀에 대한 이미지, 곧 경험(과거, 기억)이 현재의 실존을 받아들이지 못하기 때문이다. 내가 만약 그녀가 눈 수술을 한 뒤에 처음으로 만났다면 나한테 아무런 고통이 없었을 것이다.

그녀에 대한 기억, 그것은 과거요 이미 죽은 것이다. 현재의 진실은 지금의 모습, 그러니까 쌍꺼풀 한 그녀인 것이다.'

그리하여 나는 그 전의 그녀의 모습을 마음속에서 없애버리고 그녀의 새로운 모습을 있는 그대로 받아들였다.

그 과정은 나에게 매우 고통스러웠지만, 나는 그 과정을 통해 그녀의 과거의 이미지에 대한 '나(에고)'의 집착으로부터 비로소 해방될 수 있었다. 과거로부터 해방된 것이다.

연애 체험, 셋 - 그녀와의 이별

영원할 것 같았던 우리의 사랑(15년간의 사랑)을 나 스스로가 일방적으로 끝냈던 첫 이별의 때였다.

나는 서울로 차를 몰면서 그녀를 생각하며 즐겨듣던 음악에 묻혀 그녀와의 이별의 아픔을 삭였다. 그렇게 오랜 시간 동안 가슴 졸이고 속 태우며, 기쁨과 슬픔, 그리움과 아쉬움, 미움과 분노, 용서와 연민 등의 수많은 감정의 소용돌이 속에서도 버텨온 소중한 시간들을, 그것도 자신의 손으로 직접 무너뜨린다고 생각하니, 가슴이 온통 무너지면서 그 틈새의 끝도 알 수 없는 심연으로부터 10여 년이 넘도록 삭여지지 못한 슬픔이 분수처럼 솟구쳐 올라왔다.

눈물이 흘렀다. 두 뺨을 타고 흘렀다. 나는 마음속을 들여다보았다. 거기에는 아무 것도 없었다. 텅 비어 있었다. 그 텅 빈 한 가운데에 그 동안 뭉쳐 있었던 어떤 에너지가 녹아내리고 있었다. 그것은 바로 내 마음속의 '나(에고)'였다. 그녀에 대한 집착의 덩어리가 녹는 것이었다.

아픔과 함께 환희 같은 것도 느껴졌다. 더 이상 그녀와의 달콤한 시간을 가질 수 없다는 아픔(이것은 '나'가 느끼는 것임)과 함께, 더 이상 사랑의 고통을 겪지 않아도 된다는 환희(이것은 '생명'이 느끼는 것임)를 동시에 느꼈다. 정말 인생은 역설로 가득한 것 같았다.

나는 계속 내 마음을 관조했다. 내 마음속은 아픔과 환희의 느낌이 엇갈리고 있었다. 하지만 그것을 관조하고 있는 나의 깨어 있는 의식인 '생명'은 아무런 흔들림이 없었다. 나는 여전히 살아 있었다. '살아 있음(생명)'은 전혀 변함이 없었다.

단지 마음만이 아플 뿐이었다. <아픔>은 마음속에 있고, 그 아픔을 바라보고 있는 나의 의식은 따로 떨어져 있었다. 의식은 아무런 아픔이 없었다. 단지 마음속에만 아픔이 자리 잡고 있을 뿐이었다.

서울에 도착한 나는 아주 평온한 마음이 되었다. 나의 마음속은 마치 폭풍우가 휩쓸고 지나간 것처럼 황량하게 변해 버렸지만, 한편으로는 참으로 고요하고 적막했다. 절대 고독의 상태, 텅 비어 있는 상태. 나는 그 순간 나 자신의 본질인 '생명(사랑)'을 언뜻 볼 수 있었다.

<관조>와 <이해>와 <인내>의 방법을 통하여 나는 거듭났다. 새롭게 태어났다.

아픔의 원인은 바로 나의 그녀에 대한 집착이었다. 그것은 단지 경험(과거)에 지나지 않는다. 그것이 바로 '나(에고)'다.

생명은 순수 현재만을 산다. 생명은 변화 그 자체라서 한시도 과거에 머무르지 않는다. 마치 끊임없이 흐르는 강물처럼.

동물들을 보라! 그들은 그다지 과거의 흔적이 없다. 자식이 죽으면 슬픔은 그 때뿐, 다음날은 또 생생하게 활동한다. 그러나 우리 인간들을 보라! 자식이 죽으면 몇 달, 아니면 몇 년을 그 아픔에서 벗어나지 못한다. 인간은 과거로 현재의 삶을 망가뜨리고 있다.

과거(경험)는 죽은 것이다. 과거로 살지 말라!

그러나 대부분의 사람은 과거로 산다. 돈을 100억을 가지고 있다면 그것도 과거다. 100억을 가진 사람이 현재 편안하다면 그 편안함의 원인도 과거에 있다. 그는 지금 과거로 살고 있는 것이다. 그러다가 어느 날 100억이 몽땅 날아가 버리면 그의 과거도 왕창 날아가 버려 과거에 의지하여 살고 있던 그는 의지할 곳을 잃어 버렸기 때문에 자살까지 하게 되는 것이다.

과거에 대해 매일매일 죽으라! 그래야 매일매일 새롭게 태어날 수 있다.

내일은 내일의 태양이 떠오르는 법이다. 결코 좌절하지

말라! 여러분에게는 영원한 에너지인 '생명(사랑)'이라는 파워가 있지 않은가!

애인이 떠나갔다면 아픔 속에 이별을 고하라! 여러분을 떠날 사람이라면 그런 사람에게 미련을 두지 말라! 그 사람은 시련 속에서도 여러분 곁에 남아 있을 수 있는 사람이 못 된다. 일찌감치 떠난 것을 기뻐하라!

사랑(생명)이란 무엇일까

여기서 사랑에 대해 좀 더 언급할 필요가 있다. 앞에서 미처 다 얘기하지 못한 것을 계속하도록 하자.

사랑은 어려운 것이다. 왜냐? 인간은 누구나 자기라는 주관적인 세계가 있기 때문이다. 경험의 집합체인 '나(에고)'가 사랑을 하는 한, 거기에는 항상 충돌과 갈등이 있을 수밖에 없다.

우리 모두의 본질인 생명으로 만나지 않고, 자라면서 생겨난 경험의 집합체인 '나'로 만나는 한 모든 인간은 하나가 될 수 없다. '나'는 자라온 환경에 따라서 100이면 100

이 다 다르기 때문이다. 그런 까닭에 아무리 사랑하는 연인들이라 하더라도 갈등과 싸움이 없을 수 없다.

설명을 쉽게 하기 위해서 다시 비유를 하겠다.

여기 물이 있다. 그리고 사이다와 콜라, 환타가 있다. 물을 생명이라고 하고, 사이다와 콜라, 그리고 환타는 각각 다른 사람이라고 하자. 우리는 모두 생명을 갖고 있다. 그 생명이 있음으로써 여러 가지 경험이 쌓이게 되었다. 그리하여 각각 다른 콜라와 사이다, 환타가 되었다.

그러나 이 셋의 본질은 물로서 서로 같다. 거기에 서로 다른 색소가 들어갔을 뿐이다. 그런데 사람들은 그 색소를 자신의 본질로 알고 있다. 사실 그 색소는 자라면서 생긴 것이다.

원래 우리의 본질은 물, 곧 사랑(생명)이다. 우리는 이 사실을 잊지 말아야 한다. 이 사실을 모르기 때문에 우리는 끊임없이 싸우고 갈등하는 것이다.

물은 모든 것을 받아들인다. 그리하여 콜라도 될 수 있고, 사이다도 될 수 있다.

다시 비유하여 생명을 모래라고 해 보자. 우리는 모래로 성을 만들 수도 있고, 탑도 만들 수 있다. 그런데 사람들은 자신의 본질이 모래라는 걸 모르고, 성이나 탑이 자신의 참된 모습이라고 생각한다. 때문에 평생 성이나 탑의 모습을 고집하고 그것을 버리지 못하는 것이다.

자신이 어떤 모습도 될 수 있다는 것을 안다면 우리는 어떤 직업도 가질 수 있고, 어떤 일도 할 수 있고, 어떤 모습도 다 받아들일 수 있을 것이다.

사랑하는 연인 사이에서도 그렇다. 우리가 누군가를 사랑할 때는 자신의 마음속에 갖고 있는 어떤 이미지를 사랑하는 것이지, 진정으로 상대를 사랑하는 것이 아닌 경우가 대부분이다.

예를 들어, 누군가를 좋아하다가 그가 어느 날, 자기 이미지에 어긋나는 행동을 하면 그만 헤어져 버리거나 미워하게 된다.

자신은 그 사람의 날씬한 몸매가 좋아서 결혼했는데, 몇 년 후에 그 여자가 뚱뚱하게 됐다면 더 이상 그 사람을 좋아할 수 없는 것이다. 그것은 상대를 사랑한 게 아니라 자신의 이미지를 사랑한 것이다. 그 이미지가 변하니까 싫어지는 것이다.

그렇게 좋아하다가도 상대방의 치아에 낀 고춧가루 때

문에 헤어졌다는 사람도 있다. 그것은 상대방의 있는 그대로를 사랑한 게 아니라, 깔끔하고 세련된 것을 좋아하는 자신의 마음을 사랑한 것에 지나지 않는다.

진정으로 상대를 사랑한다면 상대방의 있는 그대로인 실존을 사랑할 수 있어야 한다.

코를 풀고, 방귀를 뀌는 것이 모든 사람의 실존이다. 그것까지도 사랑할 수 있어야 한다. '있는 그대로', 그것이 곧 진리이다.

마음이 세모인 사람은 상대방이 세모일 때는 괜찮은데 상대에게서 갑자기 네모나 원이 나오면 이리저리 부딪히게 된다. 그러다가 결국 헤어진다.

우리의 본질은 세모나 네모도 아니요, 원도 아니다. 우리의 본질인 생명은 모양이 없다. 그냥 에너지 그 자체다. 때문에 모든 모양을 포용할 수 있다. 그것이 진정한 사랑이다.

그래서 우리는 사람과의 사이에서의 갈등이나 충돌로 인해 마음의 고통이 생겨났을 때 그 원인이 '나(에고)'에 있음을 알고, 그 '나'를 부인하고 자신의 본질인 '사랑(생명)'을 따라야 한다.

그 관조의 과정은 매우 인내가 필요하다. 고통도 따른다.

당신은 당신의 아내가 집에서 가사 일만 하기를 바라는데, 아내는 밖에 나가서 일하고 싶어 하면, 그리하여 아내가 행복할 수 있다면 당신 마음속의 '나'를 부인하고 아내의 행복을 밀어 주라! 아내가 행복해지면 그 행복은 다시 당신에게로 되돌아오는 법이다. 아내가 행복하지 않으면 당신도 행복할 수 없다.

사랑은 상대를 성장시켜 주고, 자유롭게 해주고, 행복하게 해주는 것이다.

이 외에도 사람과의 관계는 수없이 많지만 여기서 줄이고 다음으로 넘어가도록 하자.

물질(돈)로 인한 고통의 치유

우리가 세상에서 살기 위해서는 물질과 돈이 필요하다. 때문에 현대인들은 그것을 얻기 위해서 노력하고 투쟁하고 경쟁한다. 그 속에서 수많은 불화와 오해와 갈등과 싸움을 벌인다. 생활의 수단인 물질과 돈이 주인 행세를 하고, 인간은 그 노예로 전락하고 있다. 그러면 우리 인간이 왜 이 지경이 되었을까?

어린애들을 보라! 그들은 물질과 돈에 대해 별 관심이 없다. 그저 먹을 것이 있고, 놀아줄 사람만 있으면 그것으로 족하다.

그러던 아이들이 나이를 점점 먹을수록 뭔가 조금씩 요구하는 게 많아져 간다. 보는 게 많아질수록 가지고 싶은 것도 많다. 그러다가 돈의 가치도 알게 된다. 어른들이 돈을 가지고 갖고 싶은 물건을 마음대로 사는 것을 보고 돈의 마력에 서서히 빠져들게 된다. 어린 시절에는 돈과 장난감을 주면 장난감을 먼저 집었는데, 언제부터인가 장난감보다는 돈을 집게 된다.

왜 이런 현상이 벌어질까? 앞에서 이미 말했지만, 그것은 바로 경험의 집합체인 우리의 마음이 하나의 에너지 덩어리로서 인력을 갖기 때문이다. 한번 경험한 것은 그 자체가 자신을 유지하기 위해 인력을 갖는데, 그것이 바로 욕망이 되고 욕심이 된다.

아프리카 오지의 원주민들은 문명의 이기를 본 적이 없기 때문에 그들은 그것들에 대해 욕망을 가질 수가 없는 것이다.

현대 도시의 청소년들이 범죄율이 높은 것은 다 이유가 있다. 죄를 범하는 아이들을 조사해 보면 대부분 가난한 집 아이들이다. 자신들이 본 것을 해보고 싶은데 돈이 없으니 돈을 위해 죄를 범하는 것이다.

　마음의 욕망이 그 원인이다. 그 주범이 바로 '나(에고)' 다.

황금 때문에

　옛날에 유명했던 서부 영화 중에 황금을 찾아가는 영화
가 있었다. 그 영화의 마지막 부분에서 주인공 일행들이
황금 노다지를 발견하게 되는데, 그들 모두가 황금에 도취
되어 주머니에 막 주워 넣으면서 정신이 없을 때 그곳의
주인인 원주민들이 나타나서 총을 쏴 대면서 공격해 오는
데도 주인공 외의 사람들은 달아날 생각은 하지 않고 황금
을 하나라도 더 갖기 위해서 버티고 있었다. 그러다가 주인
공을 제외한 대부분의 사람들은 거기에서 다 죽어 버렸다.

　빨리 탈출했으면 살아날 수 있었을 텐데 황금에 눈이 어
두워 스스로 죽음을 초래한 것이다. 그 순간에 황금에 집
착하고 있는 자신의 마음을 관조하지 못하고 '나' 의 욕망
의 노예가 되어 버린 것이다.

　만약에 이 세상이 전부 황금으로 되어 있어서 사람들이

황금에 아무런 가치도 부여하지 않았다면 그런 일도 벌어지지 않았을 것이다. 살아오는 동안 황금의 가치에 대해 많은 경험이 있기 때문에 그것이 욕망으로 작용한 것이다.

물론 그렇다고 해서 경험한 것이 전부 욕망으로 발전하는 것은 아니다. 깨어 있는 의식인 '생명'이 통제할 수 있으면 큰 문제가 안 된다. 그러나 대부분의 사람은 그런 경험에 지배당하고 만다.

마구 긁혀 버린 새 차

여러분이 처음으로 새 차를 뽑았는데, 자고 일어나 보니 누군가가 여기저기를 형편없이 긁어 놓았다고 하자. 여러분의 심정은 과연 어떨까? 정말 미치고 팔딱 뛸 것이다. 범인을 찾아서 먼지가 나도록 흠씬 두들겨 패주고 싶을 것이다. 그것은 누구나 마찬가지다.

그러나 그 아픔을 빨리 잊는 사람이 있고, 여러 날을 분노 속에 보내는 사람이 있다.

그런데 여기서 우리가 따져 볼 게 있다. 이 세상의 모두

것은 변한다. 그 새 차도 언젠가는 폐차가 될 것이다. 그러나 대부분의 사람은 모든 것은 변한다는 사실을 잘 인정하려 들지 않는다.

사랑하는 어머니가 돌아가셨다. 그렇다면 순순히 받아들여야 한다. 사람은 언젠가는 죽는다는 사실은 모두 잘 알고 있다. 다음 날이면 정상적으로 활기차게 삶을 살 수 있어야 한다. 어제는 이미 지나간 것이니까. 아픈 것은 경험의 집합체인 '나'이지 우리의 본질인 '생명'이 아픈 건 아니다. 어머니가 돌아가신 순간, 그 사람이 기억을 상실한다면 그는 아무런 아픔을 안 느낄 것이다.

기억은 바로 과거요 경험이다. 어머니에 대한 경험이 없었다면 그의 마음이 아플 리가 없다. 기억을 상실해도 우리의 본질인 생명은 여전히 존재한다.

이와 마찬가지다. 새 차가 영원히 새 차로 존재할 수는 없다. 현재의 진실은 차가 긁혀 있다는 사실이다. 그것이 실존이다. 있는 그대로만이 진실이다. 새 차는 이미 과거였다. 새 차는 그 사람의 기억 속에 있다.

과거로써 현재를 보지 말라! 진실을 바로 볼 수 없다. 생명은 순수 현재만을 살 뿐이다.

거울은 어제 비록 새 차가 비쳤더라도 오늘 긁힌 차가 다시 비칠 때는 어제의 새 차가 기억으로 떠올라 현재와 비교하지 않는다. 거울은 그냥 순수하게 현재의 있는 그대로를 받아들일 뿐이다. '있는 그대로', 그것만이 진실이다.

또 만약 그 새 차가 자신의 차가 아니고 옆집의 차였다면 과연 마음이 아팠을까? 그다지 마음의 아픔이 없을 것이다. 그 아픔은 바로 '나'의 차라는 관념이 만들어낸 것이다. 그 관념은 곧 과거요 기억이다. 그 관념이 바로 '나(에고)'다.

옛날에 원효대사가 의상대사와 함께 당나라 유학을 떠났을 때의 일이다.

길을 가는 도중에 날이 어두워지자 두 사람은 어떤 토굴 같은 곳을 찾아서 거기서 밤을 보내게 되었다. 한참 단잠을 자던 원효대사가 목이 말라 깨어났다. 물을 찾아 두리번거리던 원효대사는 바가지 같은 것에 물이 있는 것을 발견하고 아주 맛있게 꿀꺽꿀꺽 들이켰다.

다음 날 아침, 잠에서 깨어난 원효대사는 목이 말라 어제 먹었던 바가지를 다시 찾았다. 그 순간 그는 깜짝 놀랐다. 자신이 어제 그토록 맛있게 마셨던 물이 바로 해골 썩은 물이었던 것이다. 원효대사는 갑자기 토할 것 같았다. 그 순간 원효대사가 퍼뜩 깨달은 것이 있었다.

자신이 이렇게 갑자기 구토증을 느끼는 것은 그 이유가 바로 자신의 관념, 즉 어제라는 과거와 해골 썩은 물이라는 생각(이것이 바로 '나'임) 때문이라는 것을 깨달았다.

결국 원효 자신의 과거의 생각이 현재에 끼어들어 구토증을 일으킨 것이다. 그가 만약 기억을 상실한 상태에서 다시 해골바가지를 봤다면 아무렇지도 않았을 것이다.

그렇다. 생명은 끊임없는 흐름이다. 과거에 머무르지 않는다. 이미 죽어 버린 과거인 경험에 얽매이지 말라! 과거로써 현재의 삶을 망치지 말라!

그러기 위해서는 우리가 어떤 상황에 접하여 마음의 고통을 느낄 때마다 자신의 마음을 관조하면서 그 아픔의 원인을 살펴봐야 한다. 그 원인은 전부 '나'에 있음을 발견할 수 있을 것이다.

그러면 마음의 고통을 제거할 수 있다. 이 방법은 스트레스를 전혀 남기지 않는다. 왜냐? 고통의 근본 원인을 제거했기 때문이다.

결국 우리는 외부의 물건이나 돈 때문에 마음의 상처를 받을 필요가 없다. 우리는 여기에 있고, 물질과 돈은 저기 바깥에 있다. 바깥에 있는 것이 안에 있는 우리 마음을 아프게 한다는 것은 말이 안 된다.

그런데도 우리가 마음의 아픔을 겪는 것은 우리가 외부의 것(물질이나 돈)을 우리의 경험 속에 저장하여 그것이 실체인 양 집착하기 때문이다.

물질이나 돈은 단순한 수단에 불과하다. 수단이 주인이 되게 하지 말라! 주인은 사람이다.

물질과 돈은 좋은 것이다. 우리가 생활의 수준과 질을 높이기 위해서는 반드시 필요하다. 우리에게 주어진 생명력을 통해서 팔다리와 머리를 사용하여 돈을 벌라!

실직을 했으면 새로운 직업을 찾으라! 기술이 없으면 새로 배우라! 찾으면 있을 것이다. 두드리지도 않는데 누가 문을 열어 주겠는가? 고생이 따르겠지만 노력하라!

언어(지식)로 인한 고통의 치유

우리 인간은 끊임없이 생각한다. 그리고 행동한다. 그렇다면 그 생각은 과연 무엇으로 할까? 매우 궁금하지 않은가? 우리 인간은 과연 무엇을 매개로 생각을 할까? 곰곰이 잘 생각해 보라.

그것은 바로 언어다. 말을 배우기 전에는 그림이나 느낌으로 할 수도 있을 것이다.

우리는 꿈을 영화처럼 영상으로 꾼다. 아주 원시적인 상태이다. 그러나 우리가 깨어 있을 때, 이미 말을 배워서 알고 쓸 수 있을 때는 거의가 말로써 생각한다. 쉽게 이해가 안 갈 수도 있다. 오늘 밤 잠자기 전에 조용히 생각해 보라. 자신이 과연 말을 통하지 않고 생각을 전개할 수 있는지. 아마 거의 불가능할 것이다.

우리 인간이 다른 동물보다 위대한 것은 이 언어라는 게 있기 때문이다.

모든 문명의 이기(利器)가 이성을 통하여 가능했다고도 할 수 있다. 인간의 논리적인 사고를 가능하게 한 것이 바로 언어라는 것이다. 언어가 없으면 사고가 불가능하기 때문이다.

이 세상을 전쟁으로 휘몰아 넣었던 자본주의니 사회주의니 하는 모든 이데올로기나 사상도 다 언어다. 이 세상에 말이 없고 글자가 없었다면 어디서 그런 주의나 사상이 전달되고 주장될 수 있겠는가? 그것은 불가능하다.

이와 같이 우리의 마음속에는 이 세상에 존재하는 거의 모든 사물과 존재를 표현한 이름들, 즉 언어들이 잔뜩 들어가 있다. 한국 사람들은 한국어로 들어가 있고, 영어권 나라의 사람들은 영어로 들어가 있고, 중국인과 일본인들은 각각 중국어, 일본어로 들어가 있다.

그래서 각각의 나라 사람들은 각각 다른 언어로 생각하고 행동한다.

한국인들은 말한다. "나는 한국인!"

일본인들은 말한다. "나는 일본인!"

미국인들은 말한다. "나는 미국인!"

이런 식으로 서로를 구분하게 하는 것이 바로 생각이다. 그리하여 서로 싸운다. 너는 일본인! 나는 한국인! 나는 미국인!

사실 이 세상을 모두 한 나라로 통합한다면 나라끼리의 싸움은 없어질 것이다. 생긴 모습이야 수술을 통해서 다 비슷하게 만들어 버릴 수 있다. 그렇다면 도대체 싸울 이유가 없는 것이다.

더 가까운 예를 들어보자.

지역 간의 싸움

여기 '전라도'라는 지역과 '경상도'라는 지역이 있다고 하자. 이 두 지역은 운동 경기뿐만 아니라 모든 면에서 경쟁이 치열하다.

그런데 어느 날, 두 지역이 축구 경기 중 싸움이 붙었다. 거기서 사상자가 100여 명이 났다.

과연 이 현상을 어떻게 설명할 수 있을까? 정말 납득할 수 없는 상황이 벌어진 것이다. 전혀 싸울 이유가 없는데 말이다. 그들은 단지 '너는 전라도고 나는 경상도다. 우리는 지역이 서로 다르다.'라는 그 경험에 얽매여서 싸움이 벌어진 것이다.

사실 두 지역 사람들이 서로 이사를 가 버리게 되면 아무런 싸울 일이 없다. 만약 그 사람들이 싸움의 그 순간 서로가 모두 기억 상실증에 걸린다면 '우리가 왜 이렇게 모여 있지?' 하고 의아해하게 될 것이다. 아니면, 경상도와 전라도를 합쳐서 '화해도'나 '평화도'라는 이름으로 새롭게 바꿔 버린다면 그래도 두 지역의 갈등이 계속 될까?

결국 그 싸움의 원인은 '나는 어느 지역 사람이다.'라는 경험에 있었던 것이다. 그것은 단지 언어에 불과하다.

이 경험은 과거요, 기억이요, 죽은 것이다. 이 죽은 것이 현재의 살아 있는 우리의 삶을 망치고 있는 것이다. 이 경험의 집합체가 곧 '나(에고)'다. 그것은 결코 사랑이 아니다.

언어가 얼마나 우리의 삶을 괴롭히고 있는지 단적인 예를 또 하나 들어보자.

너희들 죽고 싶어

한국에서 10년째 살고 있는 한 미국인이 시내버스를 탔다. 그런데 그 버스 안에서 사건이 벌어졌다. 한국 대학생 몇 명이 그 미국인을 보더니 자기들끼리 한국인이 듣기에도 매우 민망한 말들을 막 해대고 있었다.

그들의 얘기를 한참 듣고 있던 그 미국인이 갑자기 안색이 변하면서 학생들에게 다가와서는 하는 말,

"너희들 죽고 싶어?"

대학생들은 그 미국인이 한국말을 모르는 줄 알고 함부로 말을 해댔던 것이다.

여기서 우리는 이런 생각을 해 볼 수 있다. 만약 그 미국인이 한국말을 전혀 몰랐다면 어떻게 됐을까? 아마 전혀 기분 나쁘지 않았을 것이다. 만약 그 대학생들에게 그 미국인이 아프리카 말로 막 욕을 해댔다면 그 학생들이 과연 기분 나빴을까? 아마 아무런 반응을 보이지 않았을 것이다.

"쟤 왜 저러냐?"

하면서 그냥 멀뚱멀뚱 쳐다보고 있었을 것이다.

바로 이것이다. 언어는 우리의 마음속에 경험으로 자리 잡아 '나'를 형성한다. 언어라는 것은 우리가 자라면서 교육을 통하여 배운 것이지 원래부터 우리가 갖고 태어난 것은 아니다. 그것은 허상이지 실체가 아니다. 우리의 본질이 아니라는 얘기다.

원치 않으면 대문을 열어 주지 말라

우리는 남들로부터 욕을 들으면 듣는 즉시 그 말을 해석한다. 그것이 한국말이라면 우리가 아는 말이기 때문에 즉석에서 해석하여 감정이 작용한다. 그리하여 서로 싸우고,

심지어는 사람을 죽이기까지 한다.

그 때 만약 우리가 한국말을 몰랐다면 어떻게 될까? 아무런 일이 없을 것이다. 말을 모르는 어린애들에게 욕을 해 보라. 그들은 전혀 반응을 보이지 않을 것이다.

여기 교실에 학생이 50명이 있는데, 그 중에 누군가가 "철수, 개새끼!"라고 했다고 하자. 그러면 과연 누가 기분 나쁠까? 철수라는 아이만 기분 나쁠 것이다. 그러면 50명이 다 철수라는 이름을 가졌다면 전부 다 기분 나쁠 것이다.

그러나 사실 아무도 기분 나쁠 필요가 없다. 왜냐? 이름이라는 것은 우리의 본질이 아니라, 편의상 임시적으로 붙여 놓은 것이기 때문이다.

이름이야 바꾸면 된다. 이름은 변치 않는 실체가 아니다. 이름은 이름이고 나는 나다. 이름도 하나의 경험이다. 누가 지어주지도 않고 불러주지도 않았다면 나는 이름 없는 존재인 것이다. 이름은 단지 경험에 불과한 것이다.

거울 속의 그림자 때문에 왜 거울이 상처받아야 하나? 경험의 집합체인 '나' 때문에 왜 우리의 본질인 '생명'이 상처를 받아야 하나? 절대 그럴 필요가 없다. 우리의 고통은 '나(에고)'를 우리의 본질로 착각하는 데에서 생겨나는 것이다.

이렇게 언어라는 것은 우리의 마음을 구성하는 요소 중에서 아주 많은 부분을 차지하고 있다. 그리고 우리 인간은 이것에 너무나 많은 영향을 받으면서 살고 있다.

그래서 우리는 누군가를 기분 나쁘게 하려고 마음만 먹으면 쉽게 기분 나쁘게 할 수 있다. 그저 욕 한 마디면 된다.

우리가 우리의 본질이 '생명(사랑)'이라는 것을 모르고 경험의 집합체인 '나'를 본질로 알고 살게 되면 세상으로부터 끊임없이 마음의 고통을 당하지 않을 수 없다. 인간 세상을 떠나지 않는 한, 매일매일 정신적으로 만신창이가 되어 살아갈 수밖에 없다.

사실 자기 집에 누군가 찾아왔을 때 우리는 그가 누구인가를 알아보고, 문을 열어줄 필요가 없는 사람이라면 열어주지 않는다. 안 그런가? 그런데 우리는 누가 욕을 하든 자신의 마음의 대문을 활짝 열어 두고 아무나 들어올 수 있도록 놔두고 있다. 정말 이해할 수 없는 일이다.

이제부터는 원하지 않는 욕은 절대 받아주지 말라! 원치 않는 사람이 찾아왔을 때, 문을 열어주지 않듯이.

요컨대, 어떤 상황에서 언어로 인한 마음의 고통이 있다면 그 즉시 자신의 마음의 아픔을 관조하면서 그 아픔의 원인이 자신의 허상인 경험의 집합체, 즉 '나' 때문이라는 것을 인식하라! 그러면 그 아픔에서 곧 벗어날 수 있다.

잠시 마음은 아플 것이다. 주먹으로 상대를 한방 치고 싶은데 그것을 참고 자신의 마음을 바라보면서 그 아픔을 삭인다는 것은 무척이나 고통스럽다. 마치 양파 껍질을 벗길 때 냄새가 지독하듯이, '나'의 껍질을 벗기는 과정도 고통이라는 냄새를 거쳐야 한다.

"어휴, 열 받아!"

그 마음을 인내한다는 것, 그것은 정말 죽을 맛이다.

그러나 그런 아픔과 인내를 통해서 '나(에고)'는 서서히 죽어간다. '나'의 인력에서 벗어난다는 것은 그만한 노력이 따라야 한다. 희생이 없이는 열매가 열리지 않는 법이다.

동일시로 인한 고통의 치유

인간에게는 누구나 '동일시'라는 기제가 작용하고 있다. 그러니까 자기 자신을 어떠어떠한 존재라고 생각하는 현상이다.

예를 들어, '나는 공부를 잘한다.' '나는 노래를 잘한다.' '나는 착하다.' '나는 가난하다.' '나는 대통령이다.' '나는 유명 연예인이다.' 등등, 이런 것들이 다 동일시에 해당한다.

그런데 문제는 그 자체에 있는 게 아니라 그 생각으로 인해 자신이 상처받을 수 있다는 것이다.

누군가가, 스스로 노래를 잘한다고 생각하고 있는 사람한테 말한다.

"너는 그것도 노래라고 부르고 있냐?"

그러면 그 사람은 갑자기 마음에 충격을 받고 얼굴 표정이 일그러질 것이다.

또 지금 대통령이라는 직위에 있는 사람한테 누군가가 그를 몰라보고 무례한 짓을 했다.

"아니, 당신 뭐 하는 사람이야? 이런 데다 함부로 휴지를 버리면 어떡해?"

그러면 그는 스스로 '대통령인 나한테 감히....' 하면서 분노하게 될 것이다.

나도 전에 이와 유사한 경험이 있다.

테니스 시합

나는 테니스를 오랫동안 쳐왔고 또 제법 치기 때문에 나 스스로 '나는 테니스를 잘 친다'는 생각을 갖고 있었다. 그런데 어느 날 테니스를 잘 못 치는 친구와 단식 시합을 했는데, 거기에서 어이없게 그만 져 버린 것이다.

'아, 내가 저런 녀석한테 지다니! 말도 안 돼!'

그 때 내 자존심의 상처란 정말 말로 표현하기가 어렵다.

그러면 여기서 잠시 생각해 보자. 동일시로 인한 상처라는 게 당연한 것인지, 아니면 터무니없는 것인지 따져 보자.

사람은 끊임없이 변한다. 노래를 잘하던 사람도 노래를 더 잘하는 사람들 무리에 들어가면 노래를 못하는 사람이 될 수 있고, 대통령도 그 자리를 떠나서 농사를 지으면 농부가 될 수 있고, 가난한 사람도 열심히 노력해서 돈을 벌면 부자가 될 수 있다. 그것은 모두 한때의 모습이지 그 사람의 영원한 모습은 아니다.

테니스 경기란 이길 수도, 질 수도 있는 것이다. 그것을 항상 이길 것이라고 생각하고 있는 나 자신에게 문제가 있는 것이다.

우리 모두는 사실 아무 것도 아닌 존재이다

아무리 유명한 사람도 목욕탕에 가서 발가벗겨 놓으면 다 똑같은 인간이다. 그게 우리의 본질이다. 그 외의 모든 동일시는 자라면서 경험을 통해 생겨난 것이다. 그 모든 경험의 기억을 지금 당장 다 망각한다면 우리 모두는 그냥 '살아 있음(생명)' 그 자체 외에는 아무 것도 아닌 존재이다.

알고 보면 우리 인간은 아무 것도 아닌 존재, 뭐라고 이름 붙일 수 없는 실존 그 자체이다. 그게 우리의 본모습이다. 거기 어디에 '노래 잘함'과 '대통령'과 '공부 잘함'과

'착함'과 '유명 연예인'과 '가난함'과 '테니스 잘함'이 있는가? 당치도 않은 얘기다.

그것은 모두 경험을 통해 생겨난 것이다. 그것은 허상이다. 그것은 우리의 본질이 아니다.

우리 모두는 바로 그 허상 때문에 마음의 고통을 당하고 있다. 자신이 하버드 대학 출신이면 그것으로 족하다. 그러나 자신을 하버드 대학과 동일시해 버리면 그 때부터 문제가 발생한다. 누군가가 말한다.

"하버드대 출신들은 너무 이기적이야!"

그러면 그는 대번에 마음의 상처를 받는다.

사실 상처받을 아무런 이유가 없다. 이런 경우를 생각해 볼 수 있다.

＊하버드 대학이 이름을 바꿀 수도 있다.

＊자신이 하버드 대학을 들어가지 않고 다른 대학을
  들어갈 수도 있다.

＊그가 기억을 상실할 수도 있다.

그렇다면 그는 아무런 마음의 상처를 받지 않을 것이다.

그것은 모두 자신의 경험을 자신의 본질로 착각한 데에서 벌어진 현상들이다.

우리의 본질은 '살아 있음(생명)' 그 자체이지 경험이 아니다. 이것을 모르고 살면 우리는 매일매일 마음의 상처를 받으며 살아갈 수밖에 없다.

이상으로 우리는 '사랑(생명)'을 찾는 법을 살펴보았다. 이 과정에서 우리는 다음과 같은 사실을 알았다.

우리의 마음의 고통은 경험의 집합체인 마음에서 비롯되는 것이고, 그 마음의 고통에서 벗어나기 위해서는 자신의 마음을 관조하면서 그 아픔의 원인이 무엇인지를 정확히 찾아내야 하며, 그러면서 그 아픔을 스스로 삭여야 한다는 것이다.

그렇게 하면 어떤 고통도 스트레스가 되지 않으며, 자신에게 상처를 준 사람일지라도 결코 미워지지 않는다. 왜냐? 모든 고통의 원인이 '나(에고)'에서 비롯됨을 알고, 그 아픔의 책임을 자신에게 돌리기 때문이다.

이 과정은 참으로 고독하다. 이런 고독 속에서 우리 인간은 성숙할 수 있다. 우리의 본질인 '생명(사랑)'이 주인이 되어 인내한다면 충분히 해낼 수 있다.

물살을 거슬러 오르는 연어처럼

그렇다면 궁극적으로 우리는 어떻게 될까?

앞에서도 잠깐 언급했지만, '나(에고)'라는 것은 양파와 같다. 양파의 껍질을 벗겨 보라! 벗기고 벗기다가 궁극에 이르면 아무 것도 남지 않는다.

'나(에고)'라는 경험의 집합체도 사람에 대한 욕망, 돈에 대한 욕망, 물질에 대한 욕망, 지위에 대한 욕망, 명예에 대한 욕망, 지식에 대한 욕망 등 갖가지 욕망이 수없이 많은 층을 이루고 있는데, 그 욕망의 껍질을 하나하나 벗겨 가다 보면 궁극에 가서는 아무 것도 남지 않는다. 그 자리에는 사랑(생명)만이 굽이칠 뿐이다. 이것이 바로 '사랑(생명)'을 발견하는 길이다.

그 과정은 연어가 물살을 거슬러 올라가서 자신의 근원지로 찾아가는 것과 흡사하다. 언제부턴가 잃어버리게 된 우리의 생명의 고향을 찾아가는 과정도, 길들여진 '나'를 거슬러서 움직일 수 있는 헤엄침이 필요하다.

그리하여 최종적으로 마음속의 모든 욕망을 이해하고 그 껍질을 벗겨냈을 때 우리는 비로소 우리의 본질인 '사랑(생명)'과 하나가 될 수 있다.

생명 그 자체를 터득하면 생명이 주인이 되어 '나'를 마음대로 통제할 수 있다. '나'라는 것은 너무나 오랫동안 우리의 주인 노릇을 해왔기 때문에 그것을 길들인다는 것은 그리 쉬운 일은 아니다. 그러나 꾸준히 밀고 나가면 마음대로 부릴 수 있는 날이 올 것이다.

그렇게 되면 우리는 자유와 사랑과 조화 그 자체인 자연과 같은 삶을 살 수 있다. 어린애처럼 늘 싱싱하고 천진난만하고 순수하고 자연스럽게 자유자재의 삶을 살 수 있다. 어떤 고난과 실패 속에서도 좌절하지 않고, 마치 파도를 마음껏 즐기면서 서핑(surfing)을 하는 서퍼(surfer)처럼 우리는 삶을 마음껏 누릴 수 있을 것이다. 이것이 바로 '생명(사랑)의 삶'이다.

'인간은 만물의 영장'이라는 말은 이런 때 비로소 가능할 것이다.

제2부

The Self healing through contemplation

관조를 통한 치유

인간관계로 인한 고통의 치유

1

　인간관계는 '사랑(생명)'이라는 샘에 고여 있는 먼지와 티끌 들을 휘저어, 우리 마음속에 숨어 있는 '나(에고)'를 자각시켜 주는 계기가 된다. 그 '나'가 깨지는 아픔이 곧 인간관계 속에서 경험되는 고통이다. 병아리가 알에서 나오려면 자신의 껍질을 깨뜨리는 고통을 거쳐야 하듯이.

　그 고통은 우리의 거짓의 껍질이 깨지고 진실이 드러나는 과정이다. 그것이 곧 카오스(혼돈)다. 카오스는 성장과 변화의 필연적인 과정이다.

연인과의 관계에서의 고통의 치유

대부분의 연인 관계는 의존적이고 애착적이다.

때문에 서로에게 많은 고통과 상처를 준다.

그 고통과 상처는 그것이 잘못된 사랑임을,

진정한 사랑이 아님을 가르쳐 주는 것이다.

따라서 만약 여러분이 연인과의 관계 속에서 고통을 느낀다면

자신의 사랑에 뭔가 문제가 있음을 자각하라.

이 세상에는 수없이 다양한 만남이 존재하지만, 그 중에서 많은 사람들에게 의미 있고 문제가 되는 만남은 역시 남녀의 만남일 것이다. 그 만남은 한 사람의 인생까지도 바꿔 놓을 수 있다. 특히 사랑에 빠진 남녀의 만남은 그들 자신뿐만 아니라 주변에까지도 그 여파를 남긴다.

쇼펜하우어의 말마따나, 성격이 서로 다른 남녀가 만나 사랑의 환상과 망상에 빠지는 것은 성격적으로 좀 더 완성된 2세를 위한 종족 보존의 본능에 따른 것일지도 모른다. 그 과정에서 당사자들은 성격 차이로 인한 숱한 충돌과 갈등의 고통을 겪으면서도 2세를 위해 자신들을 희생한다.

그러다가 사랑의 환상과 망상에서 벗어나게 되면 자신들이 뭔가에 홀려서 속았다는 것을 느낀다. '내가 왜 저런 여자(남자)를 좋아하게 됐을까?' 하고.

그러나 거기에는 그 나름대로의 목적이 있다. 우리의 전지전능한 생명은 스스로의 진화를 위해 자신에게 알맞은 길을 선택한다. 우리는 그 선택에 자신도 모르게 이끌리게 된다. 그것이 각자의 운명이 된다. 그런 과정에서 우리는 갖가지 변화와 고통을 겪게 된다.

우리가 연인과의 사이에서 그토록 많은 고통을 겪는 것

은 그 고통 속에서 진정한 사랑을 발견케 하려는 것이다.

사랑에 고통이 따르는 것은 집착이 있기 때문이다. 고통
은 바로 그 집착을 끊으라는 생명의 친절한 경고이다. 진
정한 사랑, 집착이 없는 사랑으로 이끌어주려는 생명의 배
려이다. 그런데도 고통에서 교훈을 깨닫지 못하고 계속 집
착하게 되면 그 사랑은 불행으로 치닫게 된다.

진정한 사랑이란, 상대를 현실에 눈뜨도록
이끌어 주는 것이다.

사랑에 빠진다고 할 때의 사랑은 집착에 불과하다. 사랑
의 망상과 환상에 빠지게 되면 현실을 제대로 볼 수 없다.
집착은 사람을 비현실적이게 한다. 집착하는 사랑은 눈이
멀어 현실을 보지 못하고 상대를 구속하기 때문에 필연적
으로 고통을 초래한다. 자신뿐만 아니라 주변과의 조화와
균형을 깨뜨린다.

그러나 진정한 사랑은 중용이요, 가장 분명한 현실이요,
냉정한 현실이다. 사랑은 분명한 현실을 알아 가는 과정이

다. 독립적인 하나의 진정한 성인이 되어 가는 과정이다.

집착하는 동안은 현실을 볼 수 없다. 그것은 사랑이 아니다. 그것은 자신 속의 '나(에고)'를 사랑하는 것이지, 진정으로 상대를 사랑하는 것이 아니다. 오히려 상대를 구속하고 상대의 성장을 방해하는 것이다.

우리가 사랑하는 연인의 잘못된 행동을 강하게 지적하지 못하는 것은 '그가 혹시 내 곁을 떠나지나 않을까?' 하는 두려움과 자기 애착 때문이다. 그것은 사랑이 아니다. 사랑은 상대를 진정한 현실에 눈뜨도록 이끌어 주는 것이다.

때문에 연인이 비현실적인 행동을 할 때는 강하게 꾸짖어 주어야 한다. 연인을 진정으로 사랑한다면 당신이 연인의 곁을 떠나더라도 연인 혼자서도 충분히 현실을 헤쳐 나갈 수 있도록 성장시켜 주어야 한다.

그것은 부모가 자식을 기르는 것과 같다. 자식에게 진정한 현실을 가르쳐 주는 것, 그를 위해 매를 들거나 꾸짖는 것은 부모로서는 가슴 아픈 일이지만, 앞으로 자식이 홀로 험한 세상을 헤쳐 나갈 수 있도록 하기 위한 사랑의 행위인 것이다.

그것이 되려면 연인에 대한 집착이 없어야 한다. 연인이 떠나는 것을 두려워하게 되면 연인의 비현실적이고 잘못된 행동을 결코 꾸짖을 수 없다.

만약에 잘못된 행동에 대해서 계속 꾸짖었는데도 행동의 변화가 없다면 더 강한 충격을 주어야 한다. 이별이나 절교 등의 최후통첩을 보내야 한다. 연인이 진정으로 당신을 사랑한다면 당신의 뜻에 따를 것이다.

만약 따르지 않는다면 그는 진정으로 당신을 사랑하는 것이 아니다. 그는 단지 자신의 마음속의 이미지를 사랑하는 것일 뿐이다. '자신의 뜻에 잘 따를 때만 당신을 좋아한다'는 식의 이미지 말이다. 그것은 결코 사랑이 아니다. 그것은 자기 집착에 불과하다. 그런 사람과는 일찌감치 이별하라! 그리하여 그의 집착에 충격을 주라. 그 속에서 그는 자신의 잘못을 깨우치게 될 것이다.

나는 그녀가 돈을 요구할 때마다 어떻게든 돈을 구하여 보내 주었다(나는 그녀에게 카페를 차려 주었다. 그러나 카페는 생각처럼 잘 되지 않았다. 게다가 마음이 여린 그녀가 주위의 친구들에게 보증을 서준 것이 잘못 되어 그녀는 많은 돈을 빚지게 되었다) 그녀는 자신에게 돈을 계속 보내오는 것을 통해 내가 자신을 진정으로 사랑하고 있음을 확인했다(당시에 나는 서울에 있었고, 그녀는 나와 멀리 떨어진 지방에서 일하고 있었다). 그녀에게 있어 진정한 사랑이란, 자신이 어려움에 처했을 때 그 어려움을 해결해 주는 것이라는 식의 생각을 갖고 있었던 듯하다.

때문에 내가 그녀의 마지막 돈 요구를 거절했을 때(그녀와 15년간을 사귀면서 나는 그녀가 어려움을 겪을 때마다 도와주었다. 때문에 그녀는 아마 내가 거절할 것이라는 것을 전혀 예상하지 못했던 것 같다) 내가 더 이상 자신을 사랑하지 않는다고 생각한 것이다. 그녀의 진정한 사랑에 대한 이미지를 내가 깨버린 것이다.

그러니까 그녀는 자신이 생각하는 진정한 사랑의 이미지가 깨져 버리니까 나에게 더 이상 아무 연락을 하지 않은 것인지도 모른다(그녀의 생활 방식과 태도에 더 이상 견딜 수 없었던 나는 결국 그녀에게 이별을 고하지 않으면 안 되었다. 그 후 그녀로부터는 아무런 연락이 없었다. 그녀는 나의 이별의 선언에 굉장한 충격을 받은 듯하다. 평소에 내가 늘 이렇게 말해 왔기 때문이다. '너만을 영원히 사랑한다'고). 아니면, 그녀 자신이 나에 대한 자신의 사랑이 잘못된 것임을 깨닫고 나에게 더 이상 폐를 끼치지 않기 위해 연락을 끊은 것인지도 모른다. 그녀의 성격을 미루어볼 때 후자 쪽이 맞는 듯하다.

만약 그것이 사실이라면, 나의 거절로 인해 그녀의 나에 대한 집착이 충격을 받아, 그 충격 속에서 그녀가 자신의 잘못된 사랑을 깨우친 셈이다.

이런 과정을 통해서 그녀는 자신의 잘못을 깨우치고 진정한 사랑으로 한 발자국 다가서는 것이다.

이것은 바로 우리의 생명(무의식)이 바라는 것이다. 우리 각자의 생명은, 고통이 집착에서 비롯되는 것임을 깨닫고 집착 없는 사랑(생명)의 세계로 빨리 오라고 간절히 바라고 있다.

삶의 흐름을 거스르는 것, 그것이 곧 고통이다

진정한 사랑은 전체와 흐름을 같이하는 것이다. 이 우주와 자연의 흐름과 함께 하는 것이다. 그것이 바로 생명의 흐름이다. 우리 각자의 '생명(사랑)'은 원래 자연 전체의 흐름, 즉 생명 전체의 흐름과 함께 한다.

그러나 우리 자신 속의 '나(에고)' 때문에 그 흐름을 느끼지 못하고 있다. 자연의 전체적인 흐름, 생명의 전체적인 흐름과 함께 하지 못함, 그로 인한 전체와의 갭, 그것이 우리 인간의 고통의 이유이다. '나', 그것이 모든 고통의 주범이다.

강물의 흐름에는 반드시 일정한 방향이 있다. 강물 속을 쉽게 헤엄쳐 가기 위해서는 강물의 흐름과 함께 하면 된다. 그러면 자신이 원하는 목적지까지 힘들이지 않고 갈 수가 있다.

그러나 그 흐름을 느끼지 못하고 계속 강물의 흐름을 거슬러 가게 되면 힘은 잔뜩 들이면서도 결코 목적지에 도달할 수가 없다. 강물의 흐름을 거슬러 가는 것, 삶의 흐름을 거슬러 가는 것, 그것이 곧 고통이다.

그래서 연인과 사랑하는 동안에 연인이 자신의 노력에도 불구하고 자꾸 다른 길로 갈 때는 그것을 억지로 붙잡으려고 하지 말아야 한다. 그것도 어떻게 보면 삶이라는 거대한 강의 흐름에 따르는 것이기 때문이다. 그런데도 그것을 느끼지 못하고 어떻게든 연인을 잡아보려고 발버둥쳐봐야 고통만 더할 뿐이다.

나는 그녀(그녀는 상당한 미인이었다)와 어떻게든 결혼해 보려고 온갖 노력을 다 해 보았다. 그런데도 그녀는 자신의 길을 고집했다. 그것은 어쩌면 자연(생명) 전체의 흐름인지도 모른다. 나는 그녀에 대한 집착 때문에 이런 흐름을 전혀 느끼지 못했다. 어떻게든 그 흐름을 막아보려고 했다. 그러나 그것은 삶이라는 거대한 강의 흐름을 거스르는 것이었다. 때문에 나는 숱한 고통을 겪어야만 했다.

내가 이런 흐름을 좀더 빨리 눈치 챌 수 있었다면 그렇게 많은 아픔을 겪을 필요가 없었을 것이다. 생활의 중용을 찾아 현실적인 삶을 살아갈 수 있었을 것이다. 돈으로 인한 고통도 그렇게 많이 겪지 않아도 되었을 것이다.

그녀에게 돈 문제가 처음 생겼을 때 내가 단호하게 대처했더라면 그녀 자신도 그렇게 고통을 겪지 않았을지도 모른다. 처음에는 금전 문제를 그녀 혼자 감당해야 하기 때문에 고생이야 좀 하겠지만, 그런 고생 속에서 그녀 자신도 현실이 어떤 것인지를 알 수 있었을 것이고, 더 이상의 금전 문제를 일으키지 않게 되었을 것이다.

나의 도움이 오히려 그녀를 더욱 나약하고 의존적이게 만들어 버린 셈이다. 심하게 말하면 내가 오히려 그녀를 망쳐 버렸다고도 할 수 있다. 집착은 이렇게 상대를 망가뜨리는 것이다.

의존적이고 애착적인 관계는 고통과 상처를 낳는다

대부분의 연인 관계는 의존적이고 애착적이다. 때문에 서로에게 많은 고통과 상처를 준다. 그 고통과 상처는 그것이 잘못된 사랑임을, 진정한 사랑이 아님을 가르쳐 주는 것이다. 따라서 만약 여러분이 연인과의 관계 속에서 고통을 느낀다면 자신의 사랑에 뭔가 문제가 있음을 자각하라.

대체로 사랑에 빠진 연인들은 상대를 독립적인 존재로 인정하지 않고 자신의 일부분으로 착각하여 상대를 자신의 뜻대로 조정하려고 한다. 의존적이고 애착적인 관계에서는 그것은 너무나 자연스러운 과정이다. 그러나 그런 사랑은 거의가 비극적인 종말을 맞이하게 된다. 그것은 진정한 사랑이 아니기 때문이다.

진정한 사랑은 서로를 독립적인 개체로 인정하고, 서로에게 의존적이지 않고, 서로의 인격을 존중하고, 서로를 배려하며, 서로를 자유롭게 하여, 그들은 하나면서 둘이요, 둘이면서도 하나이다. 그들은 서로에게 무한히 감사하며, 서로에 의해 더욱 성숙해 간다.

그를 위해서는 연인과의 사이에서 어떤 고통이 생길 때 그 고통의 정체를 밝혀 진정한 사랑을 향하여 나아가도록 함께 노력해야 한다. 그렇게 서로가 서로의 '나(에고)'를 희생하며 노력해 나갈 때, 우리는 연인 관계의 진정한 의미를, 진정한 사랑의 의미를 터득하게 될 것이다.

 **셀프힐링 포인트**

연인이 비현실적인 행동을 할 때는 강하게 꾸짖어 주어야 한다. 연인을 진정으로 사랑한다면 당신이 연인의 곁을 떠나더라도 연인 혼자서도 충분히 현실을 헤쳐 나갈 수 있도록 성장시켜 주어야 한다. 연인과 사랑하는 동안에 연인이 자신의 노력에도 불구하고 자꾸 다른 길로 갈 때는 그것을 억지로 붙잡으려고 하지 말아야 한다. 그것도 어떻게 보면 삶이라는 거대한 강의 흐름에 따르는 것이기 때문이다. 그런데도 그것을 느끼지 못하고 연인을 잡아보려고 발버둥 친다면 고통만 더할 뿐이다.

아내(남편)와의 관계에서의 고통의 치유

당신의 아내(남편)를 끊임없이 탐구하라.
그는 하나의 세계이다.
만약 당신이 당신의 아내(남편)를 완전히 탐구하여 정복한다면
그때 당신은 진정한 사랑이 무엇인지를 알게 될 것이다.
그때 우주가 왜 남녀에게 자신의 짝을 찾으라고 끊임없이 요구하는지
그 비밀을 알게 될 것이다.

사랑하는 사람과 평생 함께 할 수 있다는 것은 참으로 멋진 일이다. 신이 남자와 여자를 만들어낸 것도 음양의 조화를 이루어 만물을 창조하라는 의도일 것이다. 인류의 단절, 그것은 신의 뜻이 아닐 것이다. 그렇다면 부부가 된다는 것은 우주의 창조 작업에 참여하는 참으로 신성한 일이 아닐 수 없다.

거의 모든 부부 관계는 사랑으로 맺어진 관계이다. 이 세상의 수없이 많은 남녀 중에서 자신에게 유일한 남자와

여자, 그것은 어쩌면 기적과도 같은 일이다. 어떤 경우에는 목숨까지 걸기도 한다. 단순한 우연으로 보기에는 너무나 신비하다.

그런데 왜 우리는 이렇게 짝을 찾아서 목숨까지 걸고 하는 것일까? 거기에는 우주의 엄청난 비밀이 숨어 있다. 그것은 바로 우주의 본질인 사랑으로 돌아가려는 존재의 본능이다.

부부 관계란, 진정한 사랑을 탐구하기 위한 통과의례이다

이 세상의 모든 존재는 전체와 하나가 되려고 하는 본능이 있다. 우리 사람도 마찬가지다. 그러나 유독 우리 인간에게는 자라오면서 생겨난 '나(에고)'라는 게 있어서, 자신의 원래의 '생명(사랑)'의 상태를 자각하지 못하고 있다.

'나'라는 것은 욕망과 집착으로 자신의 존재를 유지하려고 하기 때문에 거기에는 숱한 고통이 따를 수밖에 없다. 우리가 그토록 사랑을 원하는 것은 이런 '나'의 고통에서 벗어나 사랑으로 되돌아가려고 하기 때문이다. 사랑 속에 있을 때 우리는 비로소 행복과 평화를 누릴 수 있기 때문이다.

그래서 부부가 된다는 것은 궁극적으로 진정한 사랑을 탐구하기 위한 통과 의례인 셈이다. 그런데도 대부분의 부부들은 결혼하고 몇년만 지나면 권태에 빠져 서로에 대한 탐구를 멈추는 듯하다.

권태란, 서로가 상대를 소유하는 관계가 될 때 발생하는 것이다. 그 때 서로는 단순한 의지처일 뿐이다. 그렇게 되면 그 대상은 죽어버린다. 그냥 하나의 사물이 되어버린다. 거기에는 더 이상 긴장과 활기가 없다. 때문에 진정한 탐구는 소유 관계 속에서는 절대 불가능하다.

사실 남자나 여자에게 있어서 서로는 미지의 세계다. 부부가 된다는 것은 미지의 세계와 미지의 세계의 만남이다. 그런데도 부부들은 몇 년만 지나면 서로를 다 알았다는 듯, 더 이상의 탐구를 하지 않는다. 그냥 그런 여자, 그런 남자라는 기존의 이미지를 가지고 습관적으로 살아간다. 삶이 권태로워지는 것은 당연하다.

미지의 세계를 탐구하기 위해서는 도전과 용기와 열정이 있어야 한다. 새로운 것이 나타났을 때, 때로는 싸움도

해야 하고, 때로는 호기심으로 관찰도 해야 하고, 때로는 기쁨으로 맞이하기도 해야 한다. 그러기 위해서는 상대에 대해서 항상 깨어 있어야 한다.

당신의 아내(남편)는 항상 새롭다. 그는 어제의 그가 아니다. 항상 변한다. 이 세상 모든 것이 항상 변하듯이. 그런데도 당신은 늘 같은 눈으로 대상을 본다. 과거의 눈으로 아내(남편)를 본다. 습관적으로 살기 때문이다. 탐구를 멈췄기 때문이다.

당신의 아내(남편)는 당신과 자라온 환경도 다르고, 경험도 다르고, 성性도 다르다. 때문에 서로의 '나'도 다르다. 부부들이 끊임없이 다투는 것은 서로의 '나' 때문이다.

부잣집에서 자란 사람과 가난한 집에서 자란 사람은 같은 상황에서도 그 반응이 다르다. 부잣집에서 자란 사람은 고급스러운 음식을 원하고, 가난한 집에서 자란 사람은 소박한 음식을 원할 때, 그것으로 서로가 다툰다면 그것은 잘못이다.

부부 사이에서는 모든 것이 탐구의 대상이 돼야지 단순히 다툼의 대상이 되어서는 안 된다. 물론 다툴 때도 있다. 그러나 그 다툼은 탐구를 위한 다툼이 돼야 한다. 그렇게 서로가 서로의 '나'에 대해서 끊임없이 알아가고 이해해 가야 한다.

'아, 그는 이런 면이 있군. 아, 그녀는 저런 면이 있군.'

그러나 대부분의 부부들은 서로의 '나'끼리 끝없이 다투기만 한다. 그냥 다투는 게 목적이다. '나'의 욕망 충족이 목적이다. 이겨야만 직성이 풀린다.

그러다가 어느 날부터는 그런 다툼조차 하지 않고 그럭저럭 지내게 된다. 서로에게 특별한 피해만 주지 않으면 그냥 무관심하게 살아간다. 거기에는 아무런 긴장과 활기가 없다. 서로가 서로에게 생활의 편의와 도구로서만 존재할 뿐이다. 그것은 진정한 관계가 아니다.

상대를 소유하려고 하는 사랑은 사랑이 아니다

상대를 소유하려고 하는 사랑은 사랑이 아니다. 그것은 집착이다. 당신의 '나'는 오로지 집착밖에 모른다. 그 집착은 고통을 낳는다.

당신의 아내(남편)가 배우로서의 생활을 계속하고 싶어

한다면 그것을 적극 지원해 주라. 아내(남편)가 자신의 생활을 즐기고 행복해한다면 그만큼 당신에 대한 집착이 줄어들 것이다. 그러면 아내(남편)가 자유로워진 만큼 당신도 자유로워진다. 여성 해방은 곧 남성 해방이기 때문이다. 결코 상대에게 집착하지 말라. 집착은 서로를 고통스럽게 할 뿐이다.

진정한 사랑은 서로의 '나'를 넘어서서 상대 안의 '사랑(생명)'과 만나는 것이다. 서로를 자유롭게 해주어 각자의 개성을 마음껏 꽃피울 수 있도록 해주는 것이다. 그런 부부는 둘이면서도 하나이다. 두 개의 초가 각각으로 존재하되, 서로의 빛으로 하나가 되는 것, 그것이 곧 사랑이다.

당신의 아내(남편)는 하나의 독립적인 개체요, 생명이다. 모든 생명은 자유를 원하고 구속을 싫어한다. 집착은 상대를 구속한다. 그렇게 되면 당신의 아내(남편)는 당신으로 인해 고통을 당한다. 그 고통이 쌓이면 아내(남편)는 당신에게 반항하고 저항한다. 그것은 아내(남편)의 생명이 자신의 자유를 되찾으려는 처절한 절규이다.

때문에 만약에 당신의 아내(남편)가 당신에게 반항과 저항을 보인다면 그것은 당신의 사랑이 필요하다는 증거이다. 그럴 때 당신의 마음속에 있는 '나'의 집착을 들여다 보라. 그리고 아내(남편)에게 사랑을 베풀라.

아내(남편)에 대한 완전한 이해는 곧 당신에 대한 완전한 이해이다

진정한 부부 관계는 적극적이어야 한다. 싸울 때는 싸워야 한다. 폭력을 쓰라는 말이 아니다. 서로를 탐구하는 과정에서 이해할 수 없는 것이 있으면 탐구를 통해 이해해야만 한다.

'나(에고)' 안에는 온갖 감정과 성격이 들어 있다. 어리석음, 현명함, 난폭함, 바보 같음, 비열함, 치사함, 두려움, 비겁함, 열정, 창조성, 관대함 등등. 이 모든 요소들이 탐구의 대상이 된다.

당신의 아내(남편)를 끊임없이 탐구하라. 그는 하나의 세계이다. 만약 당신이 당신의 아내(남편)를 완전히 탐구하여 정복한다면 그때 당신은 진정한 사랑이 무엇인지를 알게 될 것이다. 그때 우주가 왜 남녀에게 자신의 짝을 찾으라고 끊임없이 요구하는지 그 비밀을 알게 될 것이다.

아내(남편)에 대한 완전한 이해는 곧 당신에 대한 완전한 이해이기도 하다. 그것은 따로 떨어져 있는 것이 아니다.

여기서 한 가지 주의할 것은, 결코 상대나 자신에게서 발견되는 새로운 요소들에 대해서 선과 악의 시각으로 비난하거나 심판해서는 안 된다는 것이다.

'나'라는 에너지는 원래 생명(사랑) 에너지에서 온 것이다. 그것은 애초에 없던 것이었다. 자라면서 경험을 통하여 생겨난 것이다. 그것은 단지 생명 에너지의 변형일 뿐이다.

때문에 여러분이 탐구를 통하여 그것을 이해하게 되면 그것은 하늘의 구름처럼 푸른 하늘을 장식하는 아름다운 재료가 될 것이다. 아내(남편)의 당신과 다른 요소들은 당신의 삶에 긴장과 활력을 불어넣어 줄 것이다. 만약 이 세상 모든 사람들이 똑같은 재주와 성격과 감정을 지녔다면 우리의 인생은 얼마나 단조로울 것인가!

때문에 자신과 아내(남편)를 탐구하는 과정에서 만나게 되는 어떤 감정이나 생각도 놓치지 말라. 그 흐름을 계속 따라가라. 아내(남편) 속의 '나'를 계속 탐구해 나가라. 결코 상대의 '나'를 거부하거나 상대의 '나'의 일시적인 모습에 머물지 말라. 그것은 결코 아내(남편)의 진정한 모습이 아니다. 단지 아내(남편)의 순간순간의 생각이나 감정에 불과할 뿐이다.

그러다가 어느 날 당신은 당신의 아내(남편) 속에서 사랑을 발견하게 될 것이다. 당신 안의 사랑을 발견하게 될 것이다. 그것이 바로 우리들의 영원한 본질인 '생명(사랑)'이다.

이제 당신은 생명 자체가 되었으므로 사랑과 자유와 조화의 삶을 살게 될 것이다. 개체적인 사랑에서 벗어나 만인의 사랑이 될 것이다.

셀프힐링 포인트

부부 사이에서는 모든 것이 탐구의 대상이 돼야지 단순히 다툼의 대상이 되어서는 안 된다. 물론 다툴 때두 있다. 그러나 그 다툼은 탐구를 위한 다툼이 돼야 한다. 그렇게 서로가 서로의 '나'에 대해서 끊임없이 알아가고 이해해 가야 한다.

한 가지 주의할 것은, 결코 상대나 자신에게서 발견되는 새로운 요소들에 대해서 결코 선과 악의 시각으로 비난하거나 심판해서는 안 된다는 것이다.

부모(자식)와의 관계에서의 고통의 치유

자식이 요구하는 것이 부당한 것인데도 불구하고
자식이 원하는 대로 다해 주는 것은 결코 사랑이 아니다.
그것은 오히려 자식을 망칠 뿐이다.
자식은 더욱더 부모에게 의존하게 될 뿐이다.
그렇게 되면 자식은 홀로 설 수가 없다. 성숙할 수가 없다.
진정한 어른이 될 기회를 상실하게 된다.

훌륭한 자식을 갖고 싶어 하는 것은 모든 부모의 소망일
것이다. 그러나 그것은 그렇게 뜻과 같이 쉽게 되지 않는
게 우리의 현실이다. 교사나 목사, 교수와 같이 남을 가르
치는 입장에 있는 사람들의 자식이 문제아가 되는 경우가
흔한 것을 보면 그런 사실을 절실히 느낄 수 있다. 그렇다
면 어떻게 해야 자식들을 훌륭한 성인으로, 사회의 온전한
구성원으로 키워낼 수 있을까?

먼저, 부모 자신들이 성숙하여 진정한 어른이 되지 않으

면 안 된다. 그러기 위해서는 진정한 사랑이 무엇인지를 알아야 한다. 그러나 대부분의 부모들은 '나(에고)'에 지배되어 살기 때문에 '나'의 욕망에 따라 자식들을 지도하기가 일쑤다.

자식은 부모의 소유물이 아니다

'나(에고)'는 본인이 자라오면서 경험한 것이 축적되어 이루어진 것이기 때문에 거기에는 자신이 이루지 못한 한恨 같은 것을 비롯하여, 자신이 받아들인 수많은 고정 관념 같은 것이 들어 있다. 그것은 매우 주관적인 것이다.

그런데도 부모들은 자신들의 그런 경험에 근거하여 자식들에게 자신들의 소망을 강요하거나, 자신들의 고정 관념에 따라 자식들을 가르치려고 한다. 자신이 좋다고 생각하는 것이 있으면 그것을 자식들에게도 강요한다. 자식은 부모의 욕망에 따라야 한다. 그렇게 하지 않으면 부모들은 자식들에게 분노한다.

그런 부모들은 자식들을 자신의 소유물로 생각한다. 때

문에 자식들이 자신의 뜻대로 되지 않으면 폭력까지도 휘두른다.

하지만 자식은 부모의 소유물이 아니다. 비록 그들이 부모로 인해 이 세상에 태어났지만, 그들에게 생명을 준 건 부모들이 아니다. 부모들은 단지 그들이 태어나는 통로 역할을 했을 뿐이다. 부모가 아이를 손으로 빚어서 만들어내지 않은 한, 자식들은 결코 부모의 소유물이 될 수 없다.

어머니의 자궁 속에서 정자와 난자가 만나서 맺어져서 하나의 생명체로 자랄 수 있게 된 것은 바로 생명(사랑)이 한 일이다. 어머니 몸 속의 생명이 그런 신비한 작용을 한 것이다. 부모의 손으로는 결코 아이를 만들 수 없다. 자식은 생명의 자식이요, 신의 자식이다. 부모는 단지 생명의 뜻에 따라 사랑 속에서 정자와 난자를 제공했을 뿐이다.

그러므로 부모는 자식들을 결코 자신의 소유물로 취급해서는 안 된다. 단지 신의 자식을 위탁받아 키우는 것일 뿐이다. 때문에 항상 사랑 속에 그들의 능력과 소질을 키워 줄 의무가 있다. 그것이 부모가 해야 할 유일한 책임이다. 그 책임을 다하기 위해서는 사랑이 무엇인지를 알지 않으면 안 된다.

사랑이란, 아무런 조건 없이 주는 것이다. 그러기 위해서는 '나'의 욕망에 지배되어서는 안 된다. '나'라는 것은 사랑을 주는 것 같지만 항상 뭔가를 바라고 있다. 그것은 집착이기 때문이다.

그래서 대부분의 부모들은 자신들이 준 만큼, 자식들에 대해 자신들의 욕망을 강요한다. 그 강요는 자식들이 나이가 어릴 때는 어느 정도 통한다. 그러나 자식들이 사춘기 정도만 돼도 벌써 반발에 부딪힌다. 왜냐 하면 생명은 그 자체가 사랑, 자유, 조화의 속성을 갖고 있어, 누군가가 자신의 자유를 구속하고 억압하면 '자기 보존의 법칙'에 따라 자신을 유지하려고 하기 때문이다.

그렇게 볼 때, 사춘기의 학생들이 반항적이고 공격적이 되는 것은 자신들의 자유를 쟁취하여 홀로 서기 위한 생명의 외침이라고 할 수 있다. 그것은 성숙을 위한 필수 과정이다.

부모들은 이런 사실을 이해해야 한다. 생명은 항상 자유와 사랑을 추구한다는 것을. 그리고 생명은 사랑이 아닌 어떤 구속과 억압도 싫어한다는 것을.

자식의 잘못에는 냉정하게 대처하라

하지만 자식들이 잘못된 길을 갈 때는 냉정하게 대처해야 한다. 절대 감정으로 대처하지 말고, 사랑 속에서 충고하고 꾸짖어야 한다. 자식이 스스로 이해할 수 있도록. 어떤 때는 부모의 꾸짖음을 잘 이해하지 못할 때도 있을 것이다. 그러나 시간이 지나 자식이 나이를 먹게 되면, 그 때 부모님이 왜 자신에게 그렇게 했는지 이해할 날이 온다. 그러기에 사랑에는 인내심이 필요하다.

이 때, 자식의 잘못을 꾸짖지 못하고 그냥 넘어간다거나, 자식이 바라는 부당한 요구를 어쩔 수 없이 들어주는 부모들이 있는데, 그것은 부모들이 자식에 대해 집착하고 있기 때문이다. 집착하게 되면 그 대상에 끌려가게 된다. 대상을 잃게 되지나 않을까 두렵기 때문이다. 그것은 사랑이 아니다.

자식이 요구하는 것이 부당한 것인데도 불구하고 자식이 원하는 대로 다해 주는 것은 결코 사랑이 아니다. 그것은 오히려 자식을 망칠 뿐이다. 자식은 더욱더 부모에게 의존하게 될 뿐이다. 그렇게 되면 자식은 홀로 설 수가 없다. 성숙할 수가 없다. 진정한 어른이 될 기회를 상실하게 된다.

때문에 부모들은 자신들의 '나(에고)'의 욕망을 희생할 필요가 있다. 그래서 진정한 사랑에는 아픔이 따르는 것이다. 그 아픔은 '나'의 희생에서 오는 것이다. 그 아픔 속에서 부모도 진정한 사랑을 깨달아 가는 것이다.

그렇지 못하고 부모가 자식에게 계속 집착하게 되면, 자식은 부모의 그 약점을 이용하여 부모인 여러분을 끊임없이 괴롭힐 것이다. 뭔가를 끊임없이 요구할 것이다. 그 요구가 좌절되면 부모에게 위협까지 가할 것이다.

그럴 경우에 부모들은 결코 자식들의 그런 부당한 요구에 굴복해서는 안 된다. 목숨을 걸고서라도 단호히 맞서야 한다. 자식이 죽는 것까지도 각오해야 한다. 자식에 대한 집착이 없어지지 않으면 그런 각오는 죽음과 같은 고통일 것이다.

하지만 그런 고통 속에서 '나'의 집착은 끝이 날 것이다. 그 아픔 속에서 부모 자신도 비로소 진정한 사랑이 무엇인지 알게 되어 진정한 어른으로 성숙해 갈 수 있을 것이다.

그래서 간디도 이렇게 말했다.

"나의 사랑하는 아들이 치욕적인 삶을 산다면 그를 계속 지원함으로써 그런 삶을 계속하도록 돕지는 않을 것이다. 반대로 나의 사랑은 나에게 그에 대한 모든 지원을 철회할 것을 요구할 것이며, 그 결과 아들이 죽게 된다 해도 할 수 없는 일이다. 그리고 이 같은 사랑이 있기에 그가 잘못을 뉘우치면 그를 가슴에 끌어안으며 환영할 것이다.

그러나 나는 물리적 힘을 사용하여 선해지라고 아들에게 강요하지는 않을 것이다. 내 생각에는 이런 사랑이 바로 방탕한 아들의 이야기가 전해 주는 교훈일 것 같다."

집착을 끊을 때 비로소 사랑할 수 있다

생명(사랑)은 상대가 집착으로 자신의 자유를 구속하면 상대의 그 집착을 집요하게 파고들어 상대가 스스로 그 집착을 놓아버릴 때까지 계속 고통을 가한다. 그리하여 상대가 그 고통 속에서 자신의 집착을 깨닫고 그 집착을 놓아버리면 그 때서야 자신의 임무를 마친 일꾼처럼 상대의 곁을 떠나는 것이다. 자신의 자유를 되찾았기 때문이다.

부모가 자식에 대해 집착을 끊으면 그 때부터 자식을 진정으로 사랑할 수 있게 된다. 자식에 대해 집착을 끊으면 그 때부터 자식의 행동이 무엇이 옳고 무엇이 그른지 비로소 객관적으로 보이기 시작한다. 그러면 옳은 것은 권장하고 그른 것은 꾸짖음으로써 자식에게 진정한 현실을 가르쳐 나갈 수 있는 것이다. 그렇게 되면 자식은 오히려 부모를 존경하게 된다.

그렇지 않고 자식에 집착하여 자식의 생명을 구속하고 억압하면 자식은 부모의 뜻과는 정반대로 행동함으로써 부모를 괴롭힌다. 그것은 자식의 생명이 부모의 '나' 에 대해 저지르는 보복인 셈이다. 그런 부모는 자식들에게 무시당하고 아무런 존경을 받지 못한다. 자식들에게 단지 수단적 가치로만 존재하게 될 뿐이다.

한편, 자식에 대한 부모의 집착이 없어짐으로써 부모에 대한 의존이 좌절된 자식은 매우 큰 충격을 받을 것이다. 그 동안 부모에게 의존해 오다가 이제 더 이상 의존할 수 없게 됐으니 앞으로의 생활이 암담해질 것이다. 그것은 매우 큰 고통으로 다가올 것이다. 그래서 자식들 중에는 자신에게 그런 고통을 준 부모에게 복수를 가하는 사람도 있다. 어떤 경우에는 부모를 죽이기까지 한다. 이것이 바로 집착의 비극적 종말이다.

그러나 사실 그 고통은 그 자신 속의 '나'가 느끼는 것이지, 그의 본질인 '생명'은 부모의 구속과 억압으로부터 벗어나게 되었기 때문에 오히려 해방감과 기쁨을 무의식적으로 느낄 것이다. 생명은 전지전능하므로, 당장은 고통스럽겠지만, 서서히 그 어려움을 극복해 나갈 수 있을 것이다. 아픈 만큼 성숙해 갈 것이다.

이렇게 하여 생명은 자신의 목적인 사랑을 향하여 진화해 간다. 참으로 생명의 신비가 아닐 수 없다.

진정한 사랑은 현실을 깨우치게 하여 상대를 성숙시켜 주는 것이다. 때문에 잘못을 범했을 때는 냉정하게 꾸짖어 바른 길로 이끌어 줘야 한다. 부모가 죽게 되면 결국 자식 혼자서 이 세상을 헤쳐 나가야 하기 때문이다. 부모가 자식을 평생 따라다닐 수는 없는 노릇이다.

동물의 세계를 보라! 그들은 자식이 홀로 설 수 있도록 무한한 사랑을 기울인다. 먹이를 잡는 방법, 적에 대처하는 방법 등을 눈물겹게 가르친다. 그런데도 자식이 부모의 가르침을 잘 따르지 않으면 그 자식은 그냥 도태되어 버린다.

그리하여 자식이 어느 정도 홀로 설 수 있게 되면 냉정하게 자식들을 떠나 보낸다. 자연에는 이렇게 우리가 배워야 할 교훈이 숱하게 널려 있다. 우리는 그 교훈들을 깊이 되새겨 보아야 한다.

자식들만의 색깔을 키워 주라

자식들은 다양한 재주와 능력과 소질을 갖고 있다. 어떤 것은 잘하고, 어떤 것은 잘 못한다. 그러나 대부분의 부모들은 자식들이 모든 것을 잘하기를 바라고 있다. 그들이 잘 하는 점은 잘 보지 않고, 그들이 못 하는 점만을 유달리 지적하고 꾸짖는다. 그것은 잘못된 것이다.

이 자연은 각각의 존재들에게 각각의 개성과 재능을 주었다. 장미는 장미대로, 호박은 호박대로, 잣나무는 잣나무대로, 해바라기는 해바라기대로, 각각의 색깔과 특성을 주었다. 그 모든 것들이 조화를 이루어 아름다운 자연을 이루고 있는 것이다.

그런데 만약 장미꽃이 아름답다고 해서 이 지구상의 모

든 식물을 장미로 바꾸어 버린다면 이 세상은 얼마나 단조롭고 지겨울 것인가! 각각의 존재들은 자기 나름의 색깔로서 각각의 역할을 다하고 있는 것이다. 그들은 그 자체로서 완벽하다.

그렇다면 우리의 자식들도 그 자체로서 완벽한 것이다. 그들도 나름대로 자신의 색깔을 갖고 있다. 그 색깔을 키워 주라! 자식들만이 가진 재주와 소질을 키워 주라! 부모가 자식들에게 해 줄 것이 있다면 자식들의 소질을 계발하여 그것이 충분히 자랄 수 있도록 뒤에서 아낌없는 원조를 보내는 것이다. 그것이 진정한 사랑이다.

그런 사랑 속에서 자란 자식들은 결코 이 사회에 문제를 일으키지 않는다. 사랑 속에서는 아무 것도 그릇 되지 않기 때문이다. 사랑은 모든 것을 바로잡는다. 이것이 사랑의 신비다.

다음은 [영혼을 위한 닭고기 수프]에 실려 있는 조지 리비스의 글이다.

옛날에 동물들이 모여서 회의를 했다. 그들은 다가오는 '새로운 미래'의 문제들에 대처할 수 있는 어떤 기념비적인 일을 시작해야만 한다고 결론을 내렸다. 그래서 그들은 학교를 만들기로 계획했다.

그들은 달리기, 나무 오르기, 날기, 헤엄치기 등으로 짜인 교과 과목들을 만들었다. 편리한 교육 일정의 진행을 위해 모든 동물들이 예외 없이 전 과목을 공부해야만 했다.

오리는 수영 과목에서 실로 눈부신 실력을 발휘했다. 사실 그 과목에 있어선 가르치는 지도 교사보다 오리가 훨씬 뛰어났다. 그러나 오리는 날기 과목에선 겨우 낙제점을 면했으며, 달리기 과목은 더 형편없었다.

달리기 점수가 너무 낮았기 때문에 오리는 방과 후에도 혼자 남아 더 배워야 했으며, 달리기 연습을 위해 수영 과목을 포기해야만 했다. 달리기 연습을 너무 많이 한 나머지, 오리는 발의 물갈퀴가 너덜너덜해졌고, 그 결과 수영 과목에서조차 겨우 평균 점수밖에 얻을 수 없었다.

그러나 학교에서는 평균 점수만 받아도 다음 학년으로 무난히 진급할 수 있었기 때문에 오리를 제외하고는 아무도 그 문제에 대해 심각하게 생각하지 않았다.

토끼는 달리기 과목에서 선두를 차지하며 당당하게 학교 수업을 시작했다. 그러나 수영 과목의 기초를 배우느라 너무 많이 물속에 들어간 나머지, 토끼는 신경 쇠약증에 걸리고 말았다.

다람쥐는 나무 오르기 과목에선 따를 자가 없었다. 그러나 날기 과목에서 교사가 땅바닥에서부터 시작하지 않고 나무 꼭대기에서부터 날기를 시키는 바람에 다람쥐는 좌절감만 커져 갔다. 그리고 무리한 날기 연습 때문에 근육에 자주 쥐가 났으며, 그 결과 나무 오르기 과목에서조차 미, 달리기 과목에선 당연히 양을 받았다.

독수리는 문제아였다. 그래서 혹독한 훈련을 받아야만 했다. 나무 오르기 과목에서 독수리는 꼭대기에 올라갈 때까지 큰 날개를 퍼덕여 다른 학생들을 방해하는 바람에 자주 지적을 받았다. 독수리는 교사에게 자기 나름의 방식으로 나무 꼭대기까지 올라가게 해 달라고 주장했지만, 그 주장은 끝내 받아들여지지 않았다. 그 결과 누구보다도 가장 높이 날고 탁월한 활공 능력을 가진 독수리였건만 졸업할 때까지 끝끝내 문제아 취급을 받을 수밖에 없었다.

학년이 끝날 무렵, 수영도 곧잘 하고 달리기와 오르기와 날기까지 약간 할 줄 아는 비정상적인 뱀장어가 가장 높은 점수를 얻어, 졸업식장에서 답사를 읽는 학생으로 뽑혔다.

한편 대초원에 사는 야생 개들은 학교에서 땅파기와 굴파기를 교과 과목에 포함시키지 않는 바람에 남들처럼 학교에 입학할 수 없었다. 그들은 학교 밖에서 힘들게 일하면서도 교육과 관련된 세금을 꼬박꼬박 내야만 했다. 그들은 그들의 자식들을 오소리에게 보내 개인지도를 받게 했으며, 훗날 땅돼지와 뒤쥐(굴을 파서 땅속에서 사는 북미산 쥐) 등과 힘을 합쳐 성공적인 사립학교를 시작했다.

이 우화가 주는 교훈은 무엇일까?

셀프힐링 포인트

부모는 자식들을 결코 자신의 소유물로 취급해서는 안 된다. 단지 신의 자식을 위탁받아 키우는 것일 뿐이다. 때문에 항상 사랑 속에 그들의 능력과 소질을 키워 줄 의무가 있다. 그것이 부모가 해야 할 유일한 책임이다. 그러나 자식들이 잘못된 길을 갈 때는 냉정하게 대처해야 한다. 절대 감정으로 대처하지 말고, 자식이 스스로 이해할 수 있도록 사랑 속에서 충고하고 꾸짖어야 한다.

심리 분석을 통한
고통의 치유 | 2

'나는 누구인가?' 를 알기 위해서는 자신의 마음속을 들여다보아야
한다. 우리의 마음속에는 우리 자신의 모든 것이 들어 있기 때문이다.
그것이 자신을 이해하는 지름길이다.

우리가 자기 자신을 온전히 이해했을 때, 그 때 비로소 타인도 온전히
이해할 수 있다. 그것이 곧 사랑이다.

질투의 치유

우리 마음속에는 숱한 질투가 자리 잡고 있다.
그것은 평소에는 없는 듯이 가만히 숨어 있다가
기회만 오면 즉각 그 모습을 드러낸다.
그럴 때, 우리는 정신을 바짝 차리고, 마치 땅꾼이 뱀의 머리를 낚아채듯이
자신의 질투심을 즉각 자각하여 그것이 분노나 스트레스로
진전되지 않도록 해야 한다.
그러면 질투라는 독에서 벗어날 수 있다.

어느 일요일 아침에 우연히 TV를 보니, 부부 문제에 대해 상담해 주는 프로가 방영되고 있었는데, 거기에는 자신들의 부부 문제를 얘기하고 있는 한 여자와 사회자, 그리고 신경 정신과 의사 등이 앉아 있었다. 여자가 자신들의 부부 문제에 대하여 얘기를 하면, 사회자가 거기에 대한 의견을 참석한 의사에게 묻고, 의사는 자신의 의견을 얘기했다.

의사가 자신의 의견을 얘기하는 장면을 보던 나는 갑자기 그 의사가 나도 모르게 싫어졌다. 알 수 없는 질투심이 일었다. 나는 그 이유를 가만히 생각해보았다.

'왜 갑자기 그 사람이 보기 싫어졌을까?'

그것은 바로 내 마음의 반영이었다. 내 자신이 그 사람처럼 되고 싶은데 현재 그렇지 못하기 때문에 나오는 반응이었다. 그것은 내 마음속, 무의식 속의 소망을 비쳐준 것이었다. 지금 생각해 보면 그것은 내가 하고 싶은 직업을 암시하는 것이었다. 나는 질투에서 나 자신의 진로를 찾은 셈이다.

이런 사실을 이해하고 나서 다음에 그 프로를 다시 보게 되었을 때는 그 의사를 봐도 마음에 아무런 질투심이 일어나지 않았다. 그냥 무심해질 수 있었다.

관조를 통한 자기 이해, 이것이 최상의 치료법이었다. 나의 본질인 '생명(사랑)'이 주체가 되어서 '나(에고)'를 관조하고 이해하고 인내함으로써 사랑을 되찾게 된 것이다.

관조를 통한 자기 이해, 이것이 최상의 치료법이다

원래 우리의 마음은 우리 스스로가 치료할 수 있다. <관조>와 <이해>와 <인내>의 방법으로. 그것은 사랑이라고 해도 좋다. 그런데도 많은 사람들은 이런 사실을 모르고, 정신병원에 들어가고 정신과에 들락거리는 어리석음을 범하거나, 아니면 자기 자신에게 수많은 상처와 스트레스를 가함으로써 고통스러운 인생을 살아가고 있다.

몇 년 전에 '막가파', '지존파'라는 이름의 범죄 조직들이 있었다. 이들이 당시에 저지른 행동들도 알고 보면 질투심에서 비롯된 것이었다. 그들이 부자들을 미워한 것은 그들 자신이 부자가 되어서 멋진 차도 타면서 멋있게 살고 싶은데 실제 그렇지 못하기 때문에, 그 분노가 사회적 범죄로 표출된 것이다. 흰 그랜저를 탄 아줌마를 비롯한 몇몇 희생자들은 단지 범죄하기 쉬운 하나의 대상에 불과했다.

그들 스스로는 잘못된 사회를 바로잡겠다는 정의를 내세우고 있지만, 그들 마음속을 들여다보면, 그 사건은 그들의 소망의 투영에 지나지 않았다. 그들이 진정으로 사회 정의를 생각했다면, 그들의 젊음을 불태워 사회에 공헌하는 일을 하고, 그 결실로 남도 돕는 그런 삶을 살았어야 할 것이다.

그들이 만약 자신들의 마음을 관조하여 이런 사실을 이해했다면 그런 범죄를 저지르지 않았을 것이다. 그렇지 못했기 때문에 그 질투심이 분노로까지 발전하여 본인들의 인생을 회생 불가능한 구렁으로 몰고 간 것이다.

내가 그녀와 한창 열애할 무렵의 일이다.

어느 여름날, 그녀가 살고 있는 마을의 바닷가에 가서 그녀를 만난 적이 있었다. 그녀는 그곳에서 가족들과 함께 피서를 하고 있었다. 나도 수영을 좋아했지만 아무런 준비도 없이 갔기 때문에 텐트 밑에 앉아서 그녀가 수영하는 모습을 바라보기도 하면서 여름 바다의 정취를 흠뻑 느끼고 있었다.

그런데 그녀가 수영하다가 멈추더니 어떤 남자와 얘기를 하고 있는 것이었다. 그 남자는 동네 총각인 듯했다.

그 장면을 바라보는 내 마음속에서는 알 수 없는 질투심이 일고 있었다. 나는 즉시 자신의 마음을 들여다보았다. 거기에는 아무 것도 없었다. 그런데도 마음은 왠지 편치 않았다.

가만히 생각해 보니, 그 질투는 그녀를 나만의 여자로 소유하고픈 내 자신 속의 '나(에고)'가 일으킨 것이었다. 그런 사실을 이해하면서 마음을 지켜보고 있었더니 어느샌가 불편한 마음은 사라져 버렸다.

우리 마음속에는 이와 같이 숱한 질투가 자리 잡고 있다. 그것은 평소에는 없는 듯이 가만히 숨어 있다가 기회만 오면 즉각 그 모습을 드러낸다.

그럴 때, 우리는 정신을 바짝 차리고, 마치 땅꾼이 뱀의 머리를 낚아채듯이 자신의 질투심을 즉각 자각하여 그것이 분노나 스트레스로 진전되지 않도록 해야 한다. 그러면 질투라는 독에서 벗어날 수 있다. 그렇지 않으면 우리는 질투라는 독에 물려 상처를 입게 될 것이다.

자신을 사랑하는 사람만이 남도 사랑할 수 있다

질투를 잘 들여다보면 거기에 '나(에고)'의 욕망이 숨어 있다. 그것이 곧 '나'다. 우리는 질투에서 자기 자신을 볼 수 있다. 그리하여 자신이 어떤 사람인지를 이해할 수 있다. 이것이 곧 사랑이다.

자신의 마음에 상처를 주는 것은 자신을 사랑하는 게 아니다. 자신의 마음에 끊임없이 상처를 주게 되면 그것이 쌓이고 쌓여 분노가 되고, 우울증이 된다. 그런 사람은 피해망상증을 갖고 있음과 동시에 매우 공격적이다.

그들은 남들도 사랑할 수 없다. 그들은 남들이 자신에게 조금만 섭섭하게 해도 화를 내고 분노하고 공격한다. 매우 자기중심적이다. 또 끊임없이 남들을 비난한다. 그런 그들의 마음을 들여다보면 그들 스스로 자기 자신을 결코 사랑하지 않음을 볼 수 있다. 그래서 성현들은 말한다.

"자신을 사랑하는 사람만이 남도 사랑할 수 있다."

자신을 사랑하는 길은 바로 자신의 '나(에고)'가 상처를 입었을 때 그 즉시 자각하고 그것을 관조하면서 이해하고 인내해 나가는 것이다.

상대를 공격하거나 외부 탓으로 돌리지 못해 그 마음은 비록 고통스럽더라도 꿋꿋이 인내하다 보면 '나'의 상처는 서서히 아물고 그 상처가 어느새 사랑으로 변해 있음을 알게 될 것이다. 파도가 곧 바다이듯이, '나'라는 것도 사실은 생명(사랑) 에너지가 변형된 것이기 때문이다.

셀프힐링 포인트

질투가 일어날 때, 정신을 바짝 차리고 마치 땅꾼이 뱀의 머리를 낚아채듯이 자신의 질투심을 즉각 자각하라. 그러면 그 질투심은 더 이상 분노나 스트레스로 진전되지 않는다.

미움의 치유

세상은 거의 우리의 통제 바깥에 있다.
그런데도 우리는 세상이 자신의 뜻대로 되기를 바라고 있다.
사람에 대해서는 특히 더하다. 그러나 사람들은 상황에 따라 변한다.
결코 우리가 원하는 대로 움직여 주지 않는다.
때문에 우리의 기대는 수시로 무너진다.
그 기대, 나의 욕망, 그것이 상대를 미워하게 되는 원인이다.

왜 남을 미워하게 될까? 왜 어떤 사람은 이유 없이 싫은 것일까? 원수를 사랑하라는데, 미운 사람을 어떻게 사랑할 수 있단 말인가? 참으로 어려운 문제가 아닐 수 없다. 그러나 우리가 이 세상을 살아가려면 이 문제는 반드시 짚고 넘어가야만 한다.

그러면 우리는 왜 남을 미워하는 것일까? 그 이유는 어디에 있을까? 남에게 있을까, 나에게 있을까? 놀랄지 모르겠지만, 그 이유는 바로 '나(에고)'에 있다.

미움이란, 자기를 중심으로 생각하기 때문에 벌어지는 현상이다

'나' 라는 것은 여러 가지 욕망을 갖고 있고 자기중심적이다. 그래서 가족이나 친구, 직장 동료, 친척 등의 사람들이 자신에게 잘 해주기를 바라고 있다.

친구가 다른 사람에게는 잘 해주고 자기는 쏙 빼버린다면, 우리 마음속의 '나' 는 그 친구를 원망하게 된다. 자기는 이렇게 해주기를 원하는데, 그 사람은 우리가 원하는 대로 해주지 않는다. 그러면 우리는 그 사람을 미워하게 된다. 우리가 누군가를 미워하는 이유는 전부 다 이런 식이다.

미움이란 이렇게 자기를 중심으로 생각하기 때문에 벌어지는 현상이다. 결코 남 때문이 아니다.

이 세상은 변화무쌍하다. 우리는 세상을 통제할 수 없다. 세상은 거의 우리의 통제 바깥에 있다. 그런데도 우리는 세상이 자신의 뜻대로 되기를 바라고 있다. 사람에 대해서는 특히 더하다. 그러나 사람들은 상황에 따라 변한다. 결코 우리가 원하는 대로 움직여 주지 않는다.

때문에 우리의 기대는 수시로 무너진다. 그 기대, '나'의 욕망, 그것이 상대를 미워하게 되는 원인이다. 미움의 원인은 결국 나에게 있는 것이다.

그러면 왜 어떤 사람은 이유 없이 싫은 것일까? 그것은 그 이유를 모르기 때문에 하는 소리다. 거기에도 반드시 어떤 이유가 있다. 여러분의 회사에 이유 없이 싫은 사람이 있다면, 그 이유를 잘 생각해 보라!

그가 여러분에게 인사를 잘 하는가?

그가 여러분에게 관심을 가져주는가?

점심이라도 가끔 사는가?

같이 술이라도 한 잔 하자고 하는가?

결코 그렇지 않을 것이다. 여러분에게 거의 말을 하지 않거나, 무뚝뚝하고 친절하지 않거나, 여러분의 마음에 들게 행동하는 점이 거의 없기 때문에 미울 것이다. 결코 이유 없이 싫은 게 아니다.

잘 생각해 보라. 여러분이 원하는 그런 이미지에 어긋나기 때문일 가능성이 많다. 그 이미지 또한 여러분 마음속의 '나'의 그림자에 지나지 않는다. 결국 그가 싫은 것은 바로 여러분의 마음속의 '나' 때문인 것이다.

원수를 사랑하기 위해서는 '나'를 알지 않으면 안 된다

그렇다면 그렇게 밉고, 심지어는 원수 같은 사람을 어떻게 하면 사랑할 수 있을까? 과연 그게 가능할까? 자기의 부모를 죽인 원수를 과연 사랑할 수 있을까?

예수는 이렇게 말했다.

"네 원수를 사랑하라! 일흔 번씩 일곱 번이라도 용서하라!"

과연 그게 가능할까? 사실 우리가 원수를 사랑한다는 것은 거의 불가능하다. 무조건 참는다고 되는 것도 아니다. 참는다는 것은 일시적으로 자신을 속이는 것이지, 그 원한이 결코 없어지는 것은 아니다. 참는다는 것은 억압하는 것이기 때문에, 그 원한은 오히려 무의식 깊은 곳에 들어가서 숨어 버리게 된다.

그것은 소멸하는 게 아니기 때문에 항상 폭발할 기회를 노리고 있다. 그러다가 더 이상 견딜 수 없게 되면 폭발해 버린다. 그렇지 못하면 그것은 신체적인 병이나 정신병이 된다.

때문에 단순히 참는다고 되는 게 아니다. 그렇게 해서는 결코 원수를 사랑할 수 없다.

그렇다면 어떻게 해야 될까? 우리 자신 속의 '나(에고)'를 알지 않으면 안 된다. '나'라는 것은 자라면서 축적되어온 경험의 집합체이기 때문에 거기에는 갖가지 욕망들이 잠재해 있다. 그것은 과거로서 우리의 마음속에 기억이되어 떠오른다. 그 생각이 욕망으로 진전되는 것이다.

애인의 얼굴이 떠오르면서 갑자기 애인이 보고 싶어지고, 컴퓨터 게임이 떠오르면서 갑자기 게임이 하고 싶어지고, 즐겁게 낚시했던 기억이 떠오르면서 낚시가 하고 싶어지는 것이다.

'나'라는 것은 인력을 갖고 있어, 자신의 유지를 위해 기억 속에 저장되어 있던 것을 끌어당긴다. 그것이 곧 욕망이다.

우리는 우리의 가족, 친척, 친구, 직장 동료에게 많은 것을 기대하고 있다. 그 기대가 무너질 때, 우리는 상대방을 탓하게 된다.

친구가 다른 아이들 생일날에는 선물을 했는데, 자신의 생일날에는 아무런 선물을 안 했다면 여러분은 그 친구가 미울 것이다. 사실 그 친구에게 돈이 없었을 수도 있고, 그 외의 다른 사정이 있을 수도 있는 것이다. 그 원인을 잘 생각해 보면 결국 자기 자신 때문이다. 기대를 갖고 있었던 자신이 바로 원인 제공자인 것이다.

세상은 '있는 그대로' 만이 진리이다. 그 외의 것은 본인의 망상에 지나지 않는다. '친구가 선물을 안 했다는 것', 그것이 있는 그대로의 진실이다. 그 사실 자체는 아무런 문제가 없다. 다만, 그 사실에 대해서 불만스럽게 생각하는 '나' 가 있을 뿐이다.

우리의 본질인 '생명(사랑)' 은 아무 것도 바라지 않는다. 그냥 텅 빈 에너지다. 그냥 흘러넘칠 뿐이다. 그것을 막고 있는 것이 '나' 다.

때문에 우리는 친구를 미워하는 마음이 생길 때, 그 즉시 자신의 마음을 관조하면서, 그 미움이 어디서 비롯됐는지를 이해하고 인내해 나가야 한다. 그러면 곧 미움의 감정이 가라앉으면서 마음이 원래의 평정을 되찾는다.

그리고 신기한 일이 벌어진다. 친구가 결코 미워지지 않는다. 미움의 원인을 자신에게 돌렸기 때문이다. 자신의 마음의 고통을 자신의 책임으로 돌리면 상대가 더 이상 미워지지 않는다.

"그건 사소한 문제니까 가능한 거지, 부모를 죽인 원수라면 어떻게 그것도 자신의 책임으로 돌릴 수 있느냐?"

분명히 이런 의문이 들 것이다. 그것은 당연하다. 그러면 이런 경우에는 과연 상대를 사랑할 수 있을까?

이 우주는 너무나 치밀하여 우연히 어떤 일을 일으키진 않는다. 때문에 이 우주가 영원할 수 있는 것이다. 지진이 일어나는 것은 지구 스스로가 균형과 조화를 잡고자 하는 몸부림인 것이지, 사람들을 죽이고 싶어서 그런 것이 아니다. 노자의 [도덕경]에 보면 이런 말이 있다.

'하늘의 그물은 성기지만, 그 무엇도 빠뜨리는 법이 없다.'

부모가 원수의 손에 죽은 것은 개인의 입장에서 봤을 때는 전혀 이해할 수 없는 일이지만, 우주적인 입장에서 봤을 때는 그것이 필요했기 때문에 일어난 것이다.

생명은 전지전능하기 때문에 자신의 진화를 위해서 때로는 인간에게 악을 저지르기도 한다. 사람이라는 매개체를 통해서. 살인자 자신에게는 대단히 불행한 일인지는 모르지만, 우주 전체적으로는 그 사건을 통해서 조화와 균형을 되찾는 것이다.

만약 그 부모들이 예전에 그와 같은 악을 저질렀다면, 본인들이 다시 그런 상황에 처하게 함으로써 어떤 교훈을 얻게 할 수도 있고, 아니면 그 자식이 부모를 잃는 과정을 겪음으로써 그의 인격상의 잘못을 바로잡을 수 있는 어떤 교훈을 얻게 하는 것인지도 모른다.

우리가 이렇게 보이지 않는 우주 자연의 이치와 작용을 이해하면 인간사에서 일어나는 사건과 사고를 거의 대부분 이해할 수 있다. 아니, 생명(사랑)의 전지전능함과 생명의 뜻을 이해한다면 모든 것을 이해할 수 있다. 그 세계는 인간의 논리를 넘어서 있다.

게다가 또 우리가 생명의 본질을 알고 우리의 몸의 본질을 이해한다면 거의 모든 고통에서 벗어날 수 있다. 우리의 본질인 생명 에너지는 죽지 않는 것이고, 우리의 몸은 단지 5대 요소가 모여서 이루어진, 실체가 없는 허상이라는 것을 안다면 우리는 죽음에 대해서 그렇게 큰 두려움을 느끼지 않을 것이다.

부모의 몸은 죽더라도 부모의 본질인 생명 에너지는 죽지 않는다. 우리가 고통스러운 것은 부모의 몸을 실체로 알고 거기에 집착하기 때문이다. 그 몸은 원래 없던 것이었다. 자라면서 생긴 것이다. 부모님과 함께 살아오면서 부모님의 몸이 부모님의 실체라고 착각하게 된 것이다. 그리고 거기에 집착하게 된 것이다. 우리 마음속의 '나'에 단단한 애착 관계로 자리잡게 된 것이다.

부모에 대한 집착도 자라오면서 생긴 것이다. 만약 다른 사람의 부모가 죽었다면 우리는 그 살인자를 그렇게까지 미워하지 않을 것이다.

그 차이는 어디에 있는가? 그것은 바로 '나'의 부모이기 때문이다. '나'에 깊이 아로새겨진 소유와 애착 관계 때문이다. 그것은 실체가 아니다. 자라면서 생긴 것이다. 그 허상이 우리를 분노케 하는 것이다.

우리의 생명(사랑)은 이 세상에서 일어나는 모든 일을 받아들인다. 왜냐 하면 그 사건은 이 우주 자연이라는 전체 생명이 조화와 균형으로 나아가기 위하여 일으키는 현상이기 때문이다.

우리의 생명은 전지전능하기 때문에 모든 것을 이해할 수 있다. 그러나 '나'라는 것이 그것을 가로막고 있다. 우리가 이런 사실을 이해한다면 부모의 원수조차도 사랑할 수 있을 것이다.

원수를 심판하지 말라

원수에 대한 증오는 '나'의 욕망과 그 애착에서 비롯된 것이다. 그러므로 우리 자신이 원수를 심판해서는 안 된다. 모든 것은 생명(하늘)의 뜻이기 때문에 심판은 하늘에 맡겨야 한다. '나'가 심판해서는 안 된다. 전지전능한 생명(하늘)이 알아서 심판할 것이다.

때문에 미움이 생기면 먼저 자신의 마음을 들여다보아야 한다. '나'의 욕망과 집착을 이해해야만 한다. 그리고 인내해야 한다. '나'로 인한 고통을 꿋꿋이 인내해야 한다. 매우 힘들 것이다. 죽을 것 같을 것이다. 원수를 지금이라도 당장 찔러 죽이고 싶은 마음을 인내한다는 게.

그러나 그것은 우리 마음속의 '나'가 죽는 것이기 때문에 전혀 두려워할 필요가 없다. '생명(사랑)'이 주체가 되어 마음속의 '나'의 고통을 어루만져 주라. 사랑으로 쓰다듬어 주라. 자기 자신의 아픔을 사랑하라. 그것이 진정으로 자기 자신을 사랑하는 것이다.

만약에 그렇지 않고 '나'의 욕망에 따라 원수를 죽인다면, '나'의 욕망이야 충족되겠지만, 우리의 본질인 생명은 평생 고통을 겪어야만 할 것이다. 무기 징역수가 되어 자유가 없는 비참한 삶을 살아야 할 것이다. 감옥에서 우리는 후회하게 될 것이다. '이건 뭔가 잘못된 거야! 분명히 뭔가 잘못된 거야!' 하면서 말이다.

그것은 결코 자신을 사랑하는 것이 아니다. 자기 자신을 감옥에 집어넣어 생명의 자유를 구속하는 것은 진정으로 자신을 사랑하는 행위가 아니다. 자기 자신을 사랑한다는 것은 자신의 '생명'을 사랑하는 것이지, 자신의 마음속의 '나(에고)'의 욕망을 사랑하는 것이 아니기 때문이다.

그래서 '원수를 사랑하라'는 말로는 결코 원수를 사랑할 수 없다. '일흔 번씩 일곱 번이라도 용서하라'는 말로도 안 된다. 그것은 일시적인 것에 불과하다. 분노가 일어나는 자기 자신부터 사랑하지 않고서는 그것은 결코 될 수 없는 일이다. 그것은 자신을 속이는 것밖에는 안 된다.

우리가 자기 자신을 사랑할 때 그 상처는 더 이상 스트레스나 한으로 남지 않는다. 불에 타듯이 소멸되어 버린다. 관조와 이해와 인내는 모든 고통을 불태워서 우리를 태초의 생명(사랑)의 상태로 되돌려 줄 것이다. 벌거벗은 우리의 순수한 본질로 되돌려 줄 것이다.

그것은 매우 고통스럽고 고독한 작업이다. 그러나 그 고독 속에서 우리는 사랑의 본질을, 진정한 자아를, 신을 발견하게 될 것이다. 영원히 죽지 않는 생명을 발견하게 될 것이다.

 **셀프힐링 포인트**

미움이 생기면 먼저 자신의 마음을 들여다보아야 한다. 나(에고)의 욕망과 집착을 이해해야만 한다. 그리고 인내해야 한다. 나 로 인한 고통을 꿋꿋이 인내해야 한다. 매우 힘들 것이다. 죽을 것 같을 것이다. 그러나 그것은 우리 마음속의 나 가 죽는 것이기 때문에 전혀 두려워할 필요가 없다. '생명(사랑)' 이 주체가 되어 마음속의 나 의 고통을 어루만져 주라. 나 의 아픔을 사랑하라. 그것이 진정으로 자신을 사랑하는 길이다.

스트레스의 치유

'나(에고)' 라는 것은 자신의 행복을 항상 외부에 의존하고 있다.

돈, 좋은 집, 명예, 높은 지위, 좋은 차, 멋진 애인 등,

모든 것이 자신의 바깥에 있다.

그것들은 모두 '나' 의 뜻대로 되는 게 아니다.

언제 어떻게 변할지 모르는 것이다.

때문에 그의 행복은 항상 위태롭다. 언제 무너질지 모른다.

무너질 때마다 스트레스를 받지 않을 수 없다.

스트레스는 왜 느끼는 걸까?

두 가지 경우를 생각할 수 있다. 먼저, 생존의 본능에서 나타나는 스트레스가 있다. 이 스트레스는 매우 좋은 것이다. 새롭거나 위험한 상황에 처했을 때, 심리적, 신체적으로 긴장시킴으로써 그런 상황에 좀 더 현명하게 대처케 하여 실수를 막아준다. 이것은 우리의 본질인 생명이 스스로를 지키기 위해 일으키는 매우 유익한 것이다. 이런 스트레스는 아무 문제가 없다.

그런데 문제는, 우리 마음속의 '나(에고)'가 스스로를 지키기 위해 일으키는 스트레스다. 이것은 우리의 생명을 좀먹는다. 심해지면 정신병이나 자살로까지 발전한다. 그러면 이렇게 위험한 스트레스가 어떻게 생기는 것일까?

나는 선악의 양면성을 지니고 있다

'나'라는 것은 우리가 생활해 나가는 데 없어서는 안 될 것이기도 하지만, 또 한편으로는 우리의 삶을 비극으로 몰고 가기도 한다. 그것은 마치 칼날과 같아서 선악의 양면성을 지니고 있다.

우리는 경험을 통하여 이 세상을 헤쳐 나간다. 운전 기술이 있어야 운전을 할 수 있고, 한국말을 알아야 의사소통도 할 수 있고, 교통 법규를 비롯한 온갖 사회적 규범을 알아야 실수 없이 이 세상을 살아나갈 수 있다. 이 모두가 과거의 경험이다. 그것은 아주 좋은 것이다.

그런데 문제는, '나'가 스스로를 유지하려고 하는 관성을 갖고 있어 항상 뭔가를 끌어당기고, 또 자신을 지키고자 한다는 것이다. 그래서 '나'는 많은 것들 – 지식, 명예, 돈, 물질, 직업, 사람 등에 집착한다. 그러나 그 집착의 대상들은 불행하게도 영원한 것이 못 된다. 때문에 그 대상이 자신의 뜻대로 안 되거나 사라져 버릴 때, '나'는 큰 충격을 받게 된다. 이것은 커다란 스트레스가 된다. 관조를 통하여 이해하지 못한다면.

욕심은 스트레스를 낳는다

'나'라는 것은 수많은 욕망을 갖고 있어 우리 자신을 잠시도 가만히 놓아두질 않는다. 욕망의 충족을 위해서 우리를 쉴새없이 부추긴다. 그 욕심은 끝이 없다. 만약 그것이 뜻대로 되지 않으면 기분이 나빠지거나 좌절한다. '나'는 바라는 것도 많다. 때문에 실망과 원망도 많다. 세상이 그의 바람대로 따라주지 않기 때문이다.

'나(에고)'라는 것은 자신의 행복을 항상 외부에 의존하고 있다. 돈, 좋은 집, 명예, 높은 지위, 좋은 차, 멋진 애인 등, 모든 것이 자신의 바깥에 있다. 그것들은 모두 '나'의 뜻대로 되는 게 아니다. 언제 어떻게 변할지 모르는 것이다.

때문에 그의 행복은 항상 위태롭다. 언제 무너질지 모른다. 무너질 때마다 스트레스를 받지 않을 수 없다.

스트레스가 자꾸 쌓이다 보면 그는 더욱 공격적이 되고 자기중심적이 된다. 작은 일에도 화를 내고 분개한다. 자기 마음에 안 드는 것은 전부 비난의 대상이 된다.

내 친구는 누가 조금만 섭섭하게 대해도 분노하고 싸운다. 그는 피해 망상에 걸린다. 길 가는 사람들이 떠들고 웃어도 자신을 비웃는 것으로 듣는다. 그리하여 시비가 붙는다. 누가 자신의 차를 추월해 가면 욕을 해대며 분노한다.

젊은 여자가 선글라스를 끼고 폼 잡고 가는 것만 봐도 욕을 해댄다. 모든 것이 아니꼽고 더럽고 메스껍다.

그에게는 모든 현실이 왜곡되어 보인다. 그는 결코 '있는 그대로'의 현실을 볼 수 없다. '나'가 왜곡되어 있기 때문이다. 이런 상태가 진전되면 우울증이 되고, 더 심해지면 정신병이 되거나 자살의 지경에 이르게 된다.

우리의 생명은 스스로를 보존하려는 본능을 갖고 있기 때문에 '나(에고)'로 인해 그 스트레스가 극한에 이르면, 생명 자체가 '나'의 기능을 정지시킴으로써 더 이상의 스트레스가 오지 않도록 한다. 이것이 바로 정신병의 메커니즘이다.

스트레스에서 벗어나려면 스트레스의 원인을 이해하라

그러면 이렇게 심각한 스트레스에서 벗어나는 길은 과연 없을까? 있다. 바로 <관조>와 <이해>, 그리고 <인내>의 방법이 그것이다. '나'가 스트레스를 받을 때마다 자신의 마음을 관조하면서 스트레스의 원인을 이해하면 그것은 더 이상 스트레스가 되지 않는다. 그대로 소멸되어 버린다.

만약 갑자기 우울함이 밀려오면 그 우울함과 함께 있으라. 절대로 회피하지 말라. 직면하여 자신의 마음속의 우울함을 관조하라. 우울함도 하나의 에너지다. 생명(사랑) 에너지가 변형된 것이다. 그 우울함을 지켜보면서 우울함의 정체를 들여다보라. '우울함'이라는 이름도 붙이지 말고 그냥 지켜보면서 쓰다듬어 주라. 거기에는 단지 하나의 에너지만이 존재할 것이다.

우울함을 계속 관조하고 있으면 그 에너지는 서서히 원래의 사랑으로 변형된다. 오랜 시간이 걸릴 수도 있다. 그렇더라도 결코 포기하지 말라.

우울하다고 해서 친구를 만나거나, 다른 일로 도피하지 말라. 그렇게 해서는 우울함이 해소되지 않는다. 자기 자신을 사랑한다는 것, 그것은 그리 쉬운 일이 아니다.

관조와 이해, 그리고 인내의 방법은 자신을 사랑하는 최고의 방법이다. '나'의 상처를 치료하는 최고의 약이요 처방법이다. 관조와 이해는 곧 사랑이다. 사랑의 불은 '나'의 스트레스를 태워 버린다. 그리하여 새로운 존재로 거듭나게 한다. 이것이 '거듭나기'의 정수다.

　나는 그녀를 사귀면서 금전적인 문제로 많은 고통을 받았다. 그 과정에서 나도 관조와 이해를 통하여 그 고통을 극복해 왔다. 그러나 어느 순간부터는 나의 생명이 이렇게 외쳐댔다.

　'이건 뭔가 잘못 된 거야! 이건 사랑이 아니야!'

　그런데도 나는 그 소리를 외면하고 모든 것을 운명의 탓으로 돌리면서 스스로를 위로했다. 그러나 나의 무의식은 알고 있었다. 그것은 진실이 아니라는 것을. 나의 무의식은 스트레스를 받고 있었다. 나는 나 자신을 속이고 있었던 것이다.

　생명은 결코 속일 수 없다. 진실은 결코 속일 수 없다. 아무리 관조를 하고 이해한다고 해도 그것이 자신을 속이는 것이라면 그 스트레스는 해소되지 않는다.

　자식이 죽었다. 그렇게 애지중지하던 외동아들이 죽은 것이다. 그 엄마는 너무나 슬퍼 눈물이 마를 정도였다. 그 아버지는 눈물도 잘 안 나왔다. 그는 모든 것을 체념한 듯했다. 그는 자식의 죽음을 '하늘의 뜻'이라며 자신을 위로했다.

그러나 그것은 자신을 속이는 행위에 지나지 않는다. 그렇게 해서는 스트레스가 해소되지 않는다. 그것은 그에게 평생 한으로 남는다.

자신을 속이는 행위로는 결코 스트레스가 해소되지 않는다. 자신의 마음의 고통을 관조하면서 그 고통의 원인을 철저히 이해하지 않으면 안 된다. 육체는 허상이며, 죽음은 그 허상이 죽는 것이요, 우리의 본질은 죽지 않는다는 사실을 이해해야 한다.

또한 마음의 고통은 자식에 대한 애착 때문이라는 것을 이해해야 한다. 애초에 자신에게는 자식이 없었으며, 자라면서 생겨난 것이고, 그러면서 자식에 대한 애착을 가지게 되었으며, 그 모든 것은 단지 자신의 과거의 경험이요 기억에 불과하다는 것을, 그리고 그 경험조차 거울 속의 허상과 같은 것이라는 것을 이해해야 한다. 그랬을 때 비로소 우리는 스트레스로부터 해방될 수 있다.

요컨대, 부정적인 스트레스는 모두 '나(에고)'가 주범이다. 때문에 '나'를 이해하고 사랑하라! 고통을 관조하고 이해하라! 그리고 인내하라! 그것이 부정적인 스트레스를 뿌리째 뽑아버릴 수 있는 유일한 방법이다.

셀프힐링 포인트

부정적인 스트레스를 뿌리째 뽑아 버릴 수 있는 유일한 방법은 나 (에고) 가 스트레스를 받을 때마다 자신의 마음을 관조하면서 스트 레스의 원인을 이해하고 인내하라. 그러면 그것은 더 이상 스트레 스가 되지 않는다. 그대로 소멸되어 버린다.

선입관의 치유

세상은 끝없이 변한다. 사람도 변하고, 환경도 변한다.
때문에 판단은 항상 그 상황에 맞춰 내려야 한다.
시간과 장소, 사람들, 그리고 그들의 수준, 전체의 상황을 고려해야 한다.

우리가 세상을 살아가는 동안에 진실을 바로 보지 못해 발생하는 갈등과 오해는 헤아릴 수 없이 많다. 그런 문제를 일으키는 것 중의 하나가 바로 선입관이라는 것이다. 이것도 '나(에고)'의 구성 요소이다.

우리는 사람들이나 매스컴, 신문이나 잡지 등으로부터 어떤 정보를 듣거나 보게 되면 그것을 큰 의심 없이 받아들이는 경우가 많다. 또 사람에 대해서도 자신이 과거에 한때 경험했던 기억만을 믿고 판단을 내리는 경우도 많다.

애인과의 이별로 상심해 있는 남자 직원이 한번 불친절하게 행동한 것을 보고 '저 사람은 상당히 불친절한 사람이군!' 이라고 생각하여, 그를 늘 그런 시각으로 바라본다면 그것도 진실을 보지 못하는 것이다. 한때의 모습을 영원한 것으로 보는 오류를 범하고 있는 것이다.

우리의 인생은 시간과 장소와 상황에 따라 항상 변한다. 사람도 변하고, 환경도 변한다. 그것을 생각하지 않고 한때의 행동을 영원한 모습으로 기억하여 판단하게 되면 진실을 바로 보지 못하게 된다.

'있는 그대로' 만이 진실이다

우리의 기억은 과거다. 과거는 죽은 것이다. 거기에는 진실이 없다. 진실은 오직 지금 눈앞의 순수 현재에 존재한다. '있는 그대로' 만이 진실이다.

옛날에 어떤 개그맨이 친구들로부터 돈을 빌려 카페를 시작했는데, 아주 장사가 잘 됐다.

그런데 어느 날, 카페에 무지막지하게 생긴 주먹들이 들이닥쳐 죽치고 앉아 있었다. 그는 겁이 더럭 났다. 그러나 그들을 함부로 내쫓았다가는 더 큰 불상사가 일어날 것 같아 그들에게 술도 대접하고 아주 친한 친구처럼 대해 주었다. 그랬더니 그들은 보기보다는 순진해서 손님들에게 피해를 주지 않는 정도에서 조용히 있다가 자리를 떠났다.

그 이후로도 가끔씩 찾아왔으나 아주 친해져서 오히려 문제가 있을 때는 그를 도와주는 관계로까지 발전하게 되었다.

만약에 그가 주먹들에 대한 선입관으로 그들을 두려워하고 영업에 방해가 된다고 하면서 내쫓으려고 했다면 주먹들은 더욱더 그의 장사를 방해했을 것이다.

어느 부인이 친구를 만나러 나갔다가 친구의 남편이 아리따운 여자와 함께 호텔에서 나오는 것을 목격하게 되었다. 이상하게 생각한 그 부인은 자신의 친구를 만나서 자기가 본 사실을 얘기해 주었다. 그 얘기를 전해들은 친구는 별별 생각이 다 들었다.

'도대체 그 여자는 누굴까? 남편이 혹시 바람을 피우는 건 아닐까? 요새 뭔가 좀 수상했어. 아, 이를 어쩌나! 이 사실을 남편한테 얘기할까? 아니야, 사태가 더 악화될지 몰

라. 어떡하면 좋아.'

이렇게 며칠을 고민하던 친구는 어느 날 용기를 내어, 남편에게 사건의 자초지종을 물어 보았다. 그랬더니 남편이 하는 말,

"아, 그 여자는 사장님 비서인데, 호텔 커피숍에서 손님과 약속이 있어서 사장님 대신에 나하고 동행한 거야."

호텔이라는 곳에 대한 평소의 선입관에서 비롯된 오해였다.

내가 교사 시절에 고1 우리 반 남학생들을 가르치고 있을 때였다. 한참 수업을 하고 있는데, 한 학생이 몹시 떠들고 있었다. 그래서 나는 그 학생을 앞으로 나오라고 했다.

그 학생은 우리 반에서 공부도 잘 못하고 자주 말썽을 피우는 학생이었다. 그 학생이 앞으로 나오는데, 많은 학생들이 그 학생을 막 야유하는 말을 해댔다. 그 학생은 몹시 화가 나서 반 아이들을 향해서 욕을 했다.

나는 그 모습을 차분히 지켜보고 있었다. 그 학생의 마음이 느껴졌다. 나라도 기분이 나빴을 것 같았다. 나는 거기서 일단 간단히 주의를 주고, 수업이 끝난 다음에 교무

실로 잠깐 오라고 하면서 자리로 들여보냈다. 수업은 그대로 계속되었다.

수업이 끝나자 그 학생이 교무실로 왔다. 매우 심각한 표정으로 서 있었다. 사실 자기로서는 큰 실수를 한 것이었다. 담임선생님이 앞에 서 있는데, 반 애들한테 욕을 해댔으니 이건 완전히 담임선생님을 무시한 행동이었다. 혼나도 단단히 혼날 일이었다.

나는 조용히 타일렀다.

"그때 너의 심정은 내가 충분히 이해한다. 나라도 그랬을 거야. 하지만 네가 그렇게 하면 내가 뭐가 되니? 다음부턴 그러지 마라, 알았지?"

학생은 눈물을 글썽였다. 크게 혼날 것으로 생각하고 잔뜩 겁을 먹고 있었는데, 이렇게 말만 하고 끝내다니, 본인으로서도 아주 뜻밖이었던 모양이다.

그 이후로 그 학생은 나만 보면 형처럼 따랐다.

나는 그 학생이 '말썽 많은 놈'이라는 선입관에 지배되지 않았던 것이다.

옛날에 예수는 간음한 여인을 심판하지 않으면 안 되는

시험에 들게 된 적이 있었다. 사람들은 예수가 어떤 식의 판결을 내릴지 매우 궁금해했다. 예수는 평소에 늘 '남을 심판하지 말라. 원수를 사랑하라.' 라고 외쳐 왔기 때문이다. 그 때까지의 계율에 따르면 간음한 자는 돌로 쳐서 죽이게 되어 있었다.

사람들이 그 장면을 보기 위해 수없이 몰려들었다. 예수는 어떻게든 판결을 내려야만 했다. 만약에 예수가 이전의 계율에 따른다면 그의 모든 가르침이 거짓이 될 것이고, 계율에 따르지 않으면 계율을 파괴하게 되는 까닭에, 사람들은 그의 입에서 어떤 말이 나올지 눈이 빠지게 기다리고 있었다. 드디어 예수가 입을 열었다.

"너희 중에 죄 없는 자가 있으면 이 여인을 돌로 쳐라!"

사람들은 어이가 없었다. 이런 판결이 나오리라고는 감히 생각을 못하고 있었다. 이 말은 계율에도 걸리지 않고, 그의 평소의 가르침에도 어긋나지 않는 말이었기 때문이다.

예수는 그 순간에 완전히 깨어 있었던 것이다. 그는 어떤 선입관도 가지고 있지 않았기 때문에 상황에 가장 알맞은 판단을 내릴 수 있었다. 한 점 티끌 없는 맑은 영혼의 상태에서만이 나올 수 있는 지혜였다. 그것은 바로 생명의 지혜였다. 그 상황에 가장 잘 맞는 조화요 중용이었다.

세상은 끝없이 변한다. 사람도 변하고, 환경도 변한다. 때문에 판단은 항상 그 상황에 맞춰 내려야 한다. 시간과 장소, 사람들, 그리고 그들의 수준, 전체의 상황을 고려해야 한다. 전체의 행복에 기여할 수 있는 판단, 그것이 곧 사랑이다.

선입관은 사랑 앞에서는 한 걸음 뒤로 물러서야 한다. 그것은 사랑이 아니기 때문이다. 그것은 한낱 과거요 기억에 지나지 않는다. 그것은 죽은 것이다. 진실은 매순간 살아 있는 것이다. 때문에 결코 선입관에 얽매이지 말라.

셀프힐링 포인트

우리의 인생은 시간과 장소와 상황에 따라 항상 변한다. 사람도 변하고, 환경도 변한다. 그것을 생각하지 않고 한때의 행동을 영원한 모습으로 기억하여 판단하게 되면 진실을 바로 보지 못하게 된다.

불행의 치유

우리가 인생을 행복하게 살려면
어디에 있더라도 그 상황과 하나가 되어 존재해야 한다.
분리의 느낌은 나(에고)의 욕심 때문이다.
기대나 희망, 그것도 욕심이다. 그것은 현실이 아니다.
현실은 지금 눈앞에 펼쳐지고 있는 상황, 그것이 진정한 현실이다.
그 현실과 하나가 되지 못하면 고통이 따른다.

우리는 왜 행복하지 못할까? 태어나면서부터 모든 것을 완벽하게 갖추었는데도 대체 무엇 때문에 스스로 행복하지 못한 것일까? 우리의 본질이 '생명(사랑)' 그 자체라면 우리는 항상 사랑으로 넘쳐흘러야 하는데 왜 그렇지 못한 것일까?

그것은 바로 우리 마음속의 '나(에고)' 때문이다.

'나'라는 것은 스스로를 유지하기 위해 인력을 가지고 있는데, 그것이 바로 욕망이 된다. '나'가 만약 자신을 유지하지 못하게 되면, '나'는 그대로 허물어지고 만다. 그것이 바로 심리적인 죽음이다.

우리가 죽음을 두려워하는 것은 바로 '나' 때문이다. 그래서 '나'는 어떻게든 살아남기 위해 발버둥 친다. 그 발버둥이 욕망이 되고 집착이 된다.

기대와 희망은 실망과 좌절을 낳는다

요즘 많은 사람들이 주식에 뛰어들고 있다. 사는 게 심심하기도 하고, 남들이 몇 억씩 벌었다는 얘기를 듣다보니

(손해 본 얘기에는 잘 귀 기울이지 않는다), 사람들 마음속의 '나'도 욕심이 발동하는 것이다. 한탕만 잘하면 편안히 먹고 살 수 있으니 말이다. 사람들은 큰 기대에 부풀어 투자를 한다. 가끔 돈을 벌기도 한다.

그러나 대부분의 사람들은 '한번만 더, 한번만 더' 하다가 결국에는 가진 것을 몽땅 털리고 만다. 그들은 좌절한다. 죽고 싶다. 기대와 희망이 몽땅 무너진 것이다. 좌절의 이유는 바로 그들 마음속의 '나'의 욕심, 즉 기대와 희망 때문이었다. 그것이 현실을 제대로 볼 수 없게 만든 것이다. 현실적 고통을 초래한 것이다.

내가 그녀와 떨어져 있을 때, 나는 명절이나 아니면 특별한 일이 있을 때만 고향에 내려갔다. 나는 고향에 가면서 여러 가지 생각을 했다.

'그녀를 만나면 어떻게 할까? 이번에는 같이 설악산에라도 가서 근사한 호텔에서 즐거운 시간을 가져볼까?'

그러나 막상 내려가 보면 현실은 내가 생각한 대로 전개되지 않았다. 나는 매우 실망했다. 기분이 좋지 않았다. 나의 생각과 실제의 현실 사이의 갭 때문이었다. 그것이 고통의 원인이었다. 나는 '있는 그대로'의 현실을 즐길 수가 없었다. 그것은 내가 어떤 기대와 희망을 갖고 있었기 때문이었다.

이런 사실을 알게 된 나는 그 다음부터는 아무런 기대나 희망을 갖지 않고 그녀를 만났다. 그러자 나는 순간순간을 있는 그대로 즐길 수 있게 되었다.

우리는 어딘가에 가거나 누구를 만나러 갈 때, 대체적으로 어떤 기대나 희망을 가지고 간다. 그러나 막상 가면 자신이 기대한 것과 다를 경우가 많다. 그럴 때 우리는 실망하거나 불평하면서 그 상황을 제대로 즐길 수 없게 된다. 자신의 생각과는 다른 상황을 무의미하게 흘려보내는 수가 많다. 상황과 하나가 되어 살지 못하고, 상황과 분리가 된다. 거기에서 고통이 생긴다.

현재를 놓치지 말라

우리가 인생을 행복하게 살려면 어디에 있더라도 그 상황과 하나가 되어 존재해야 한다. 분리의 느낌은 '나(에고)’ 의 욕심 때문이다. 기대나 희망, 그것도 욕심이다. 그것은 현실이 아니다. 현실은 지금 눈앞에 펼쳐지고 있는 상황, 그것이 진정한 현실이다. 그 현실과 하나가 되지 못하면 고통이 따른다.

학교에 있으면서 오락실을 생각하고 있으면 현재가 고통스럽다. 날씨가 좋을 것을 예상하고 놀러 갔는데 비가 억수로 오게 됐다면 그 상황을 있는 그대로 받아들이고 즐겁게 지낼 방법을 찾으면 된다. 그러면 방법이 나온다. 그렇지 않고 비만 탓하게 되면 휴가를 완전히 망치게 되는 것이다.

생명은 순수 현재다. 우리가 살 수 있는 시간은 순수 현재뿐이다. 우리는 결코 과거나 미래를 살 수 없다. 현재만이 우리의 전부다. 그 현재를 놓치지 말라. 희망과 기대라는 것은 미래의 것이다. 그것은 현실이 아니다. 현실이 아닌 것 때문에 지금의 소중한 현실을 망칠 필요는 없다.

그리스 신화에 보면 <시지프스>라는 코린트의 왕이 나오는데, 그는 제우스를 속인 죄로 지옥에 떨어져 바위를 산 위에 굴려 올리면 다시 굴러 떨어지고, 굴려 올리면 다시 굴러 떨어지는 그런 영겁의 형벌을 받는다. 작가 카뮈는 이것을 작품화하여 실존의 본질을 파헤치고 있다.

어떻게 보면 우리의 삶은 시지프스의 형벌과 같다. 매일매일 같은 일을 반복하며 살고 있다. 그것은 정말 절망적이고 불행하고 권태롭고 괴로운 일이다.

생각해 보라. 애써서 굴려 올려놓으면 굴러 떨어지고, 다시 올려놓으면 또 굴러 떨어지고. 그러나 시지프스는 그것에 굴하지 않고 묵묵히 다시 바위를 산 위로 굴려 올린다. 아무런 불평도 없이. 굴러 떨어지면 또다시 굴려 올린다. 묵묵히. 그 모습은 너무나 비장하다. 그의 앞에는 어떤 희망도 없다. 어떤 기대도 없다. 어떤 생각도 없다.

'이번 한번만 하면 된다. 아, 이 짓을 평생을 계속 해야 되나. 지금까지 10년이나 이 짓을 해 왔어? 아, 이젠 정말 지겨워서 못 하겠다.'

그는 이런 생각을 하지 않는다. 그에게는 순수 현재만이 존재한다. 순수 현재만이 그의 전부다. 그것이 실존이다.

때문에 그에게는 절망이 없다. 어떤 좌절도 없다. 이런 사람에게는 신(종교에서 말하는 신)조차도 필요 없다. 신이란 단어는 우리가 절망할 때 찾게 되는 것이기 때문이다.

우리가 절망하지 않는 한, 신은 어디에도 들어설 자리가 없다. 오직 그의 실존만이 온 우주에 가득하다. 그것이 바로 생명이다.

어떤 미국인이 미국의 어느 공항에서 겪었던 일이다.

항공사의 돌발적인 파업으로 항공권 발매소 앞에는 표를 환불하려는 사람들로 발 디딜 틈이 없었다. 그리고 그 사람 역시 그 줄에 끼어 있었다.

그런데도 발매소 여직원은 고객 한 사람 한 사람에게 상냥하게 대했다. 그녀는 기분이 상한 여행객들이 끝없이 줄지어 있는데도 모든 고객들을 따뜻하게 맞이했다.

"이렇게 혼란한 속에서 어떻게 그렇게 차분하게 행동할 수 있어요?"

자기 차례가 된 미국인이 이렇게 묻자, 그녀는 이렇게 대답했다.

"저는 단 한 사람의 고객하고만 상담해요. 줄이 길다고 걱정할 필요가 없지요. 지금 이 순간 창구 앞에 서 있는 고객하고만 일을 하면 되니까요. 줄은 줄이 알아서 하겠죠."

우리의 생명은 순수 현재이기 때문에 순간을 산다. 순간을 즐긴다. 거기에는 과거나 미래의 그림자가 끼지 않는다.

'나'는 곧 과거다. 그것은 우리의 기억 속에 있다. 우리가 순수 현재를 살지 못하는 것은 바로 '나' 때문이다. 그것이 온갖 희망과 기대와 욕망과 망상을 만들어낸다.

우리는 잠시도 순수 현재를 살지 못하고 있다. 우리의 생각은 늘 과거나 미래를 향해 달리고 있다. 밥을 먹으면서도 밥맛을 모르고 먹는다. 생각은 다른 곳에 가 있다.

'내일 시험을 어떻게 치르지?'

길을 걸으면서도 다른 생각을 한다.

'이번 주말에 어디로 갈까? 설악산이 어떨까?'

그러다가 발을 헛디뎌 넘어진다.

우리는 한시도 현재를 살지 못한다. 우리가 불행한 것은 바로 이 때문이다.

행복은 과거나 미래에 있는 게 아니라 바로 지금 이 순간에 있다. 우리의 생명은 순수 현재만을 산다. 과거나 미래를 사는 것은 바로 '나'다. 그것은 현실이 아니다. 그것은 환상이다.

때문에 '나(에고)'는 항상 현실과의 갭을 만들어 우리를 고통으로 몰아넣는다. 그 '나' 의 장난에 놀아나지 말라!

　행복은 우리가 아무런 기대나 희망이 없이 현재의 순간에 몰입할 때 찾아온다. 어떤 상황에 처하더라도 그 상황과 하나가 되어서 살 때, 거기에 행복은 존재한다.

　진정한 행복은 외부의 어떤 것에도 의존하지 않고, 오로지 자신의 생명만을 믿고 순수 현재에 몰입할 때 비로소 찾아오는 것이다.

셀프힐링 포인트

행복은 과거나 미래에 있는 게 아니라 바로 지금 이 순간에 있다. 우리의 생명은 순수 현재만을 산다. 과거나 미래를 사는 것은 바로 나(에고) 다. 그것은 현실이 아니다. 그것은 환상이다. 때문에 '나' 는 항상 현실과의 갭을 만들어 우리를 고통으로 몰아넣는다. 그 '나' 의 장난에 놀아나지 말라!

고정 관념의 치유

우리 마음속의 모든 고정 관념은 자라오면서 경험된 것이다.
우리의 본질인 생명이 존재함으로써 경험된 것이다.
생명이라는 거울 위에 비친 영상과 같은 것이다.
그것은 실체가 아니라 허상이다.
그 허상에 우리의 본질인 생명이 휘둘리며 상처받고 있는 것이다.

우리 마음속에는 수많은 고정 관념들이 자리 잡고 있다. 그것은 우리가 자라오면서 책이나 사람이나 자기 나름의 경험 등, 외부로부터 받아들인 것들이다. 그것은 우리의 본질이 아니다. 그것은 어떤 특정한 상황에나 해당될 수 있는 매우 부분적인 진실들이다.

때문에 고정 관념이라는 것은 인간관계를 불편하게 하고, 세상을 편협하게 보게 하고, 삶의 자유를 구속하고, 마음을 고통스럽게 하고, 심지어는 한 사람의 인생을 구렁텅이로 몰아넣기까지 한다.

고정 관념은 비판을 낳는다

나는 사랑과 결혼에 대해서 나 나름대로의 고정 관념을 갖고 있었다. 그것은 이런 것이었다.

'진정한 사랑이란, 정말로 사랑하는 사람과 결혼하여 오직 그만을 사랑하고 그와 평생을 같이하고, 혹 중간에 그가 죽더라도 그의 사랑을 생각하며 죽을 때까지 혼자 사는 것.'

한번은 이런 일이 있었다. 내가 교사였을 땐데, 같이 근무하고 있는 학교의 교감이 어느 날 교통사고를 당했다. 그 차에는 부인이 함께 타고 있었는데, 부인만 죽고 교감은 약간의 상처만 입었다. 그러고 나서 한 1년이 지난 후, 교감은 재혼을 했다. 나는 그 때 이런 생각을 했었다.

'야, 평생을 같이 살다시피 한 아내가 죽은 지 이제 얼마 됐다고 벌써 재혼하나? 평소에 아내를 사랑했다면 저렇게 재혼할 생각이 들까? 도대체 아내를 사랑이나 한 거야? 그에게 그간의 아내의 존재란 대체 뭐였단 말이냐? 그냥 혼자 살고 말지, 늙어서 저게 무슨 짓이야?'

이런 나의 비판은 나 자신의 고정 관념, 곧 내 마음속의 '나(에고)'에서 비롯된 것이었다.

세상에는 수많은 종류의 사랑이 있고, 인생이 있다. 삶은 너무나 신비하고 다양한 것이라서 우리의 좁은 머리로 판단할 수 있는 게 아니다. 이 우주가 하나의 덩어리로 온전히 존재하기 위해서 벌이는 수많은 작용은 우리의 생각으로는 간단히 헤아릴 수 없는 것이다.

그러니까 나의 고정 관념은 단지 나 자신의 문제이지, 우주와는 전혀 상관없는 것이었다. 교감은 교감 나름의 인생관이 있고, 사정이 있을 것이다. 그런 것을 모르고서는 그 상황을 이해할 수 없다. 그런 일이 이미 벌어졌다면 우주라는 전체의 입장에서 그것이 필요했기 때문에 벌어진 일이다. 종교적으로 말하면, 하늘이 허락했기 때문에 벌어진 일인 것이다.

비판은 사랑이 아니다. 그 비판은 나 자신 속의 '나'에서 비롯된 것이다.

내가 동해시에 첫 발령을 받아 근무하던 시절, 처음으로 고3학생들을 담임하게 되었던 적이 있었다. 그 때, 반의 단합을 위해서 봄 야유회를 갔었는데, 잘 놀고 있던 학생들 중의 간부 몇 명이 나에게 와서 간청했다.

"술을 좀 가져 왔는데 먹게 해주십시오. 아이들이 지금 재미없어합니다."

나는 잠시 당황했으나 뭔가 판단을 내려야만 했다. 나는 잠시 생각했다. 두 가지 길이 있었다. 술을 먹게 하는 경우, 먹지 못하게 하는 경우. 각각의 결과를 생각해 보았다. 먹이는 쪽이 훨씬 상황을 호전시키고 결과도 좋을 것 같았다.

나는 아이들을 한 줄로 세웠다. 그리고 순서대로 술을 따랐다. 40명이나 되었기 때문에 소주가 한 박스라고 해봐야 서너 잔씩 돌리면 끝났다.

아이들은 잘 놀았다. 몇 시간이 지나자 언제 마셨냐는 듯 다들 멀쩡했다. 우리는 그날 정말 재미있게 하루를 즐겼다. 멋진 단합대회였다.

나는 지금도 그때를 생각하면 정말 판단을 잘했다는 생각이 들었다. 그때 만약 내가 '학생은 술 마시면 안 된다.'라는 고정관념에 얽매여 술을 못 마시게 했다면, 그 날 단합 대회는 실패로 끝나게 되었을 것이다.

게다가 거기서 스트레스가 쌓인 아이들이 그대로 조용

히 집에 들어가지 않고 끼리끼리 모여서 술이라도 마시러 갔다가 사고라도 냈다면 1년 내내 우리 반은 순조롭지 못했을 것이다. 시골 학생들은 충분히 그럴 가능성이 있었다.

독실한 기독교 신자가 있었다. 그런데 이 사람은 목사인 그의 아버지로부터 절대로 남한테 화를 내서는 안 된다고 배워 왔다. 그래서 그의 마음속에는 '화를 내는 것은 아주 나쁜 것'이라는 관념이 강하게 박혀서 그의 초자아의 구성 요소로 자리 잡고 있었다.

그러나 화를 내는 것이 항상 나쁜 것은 아니다. 어떤 때는 화를 내는 것이 오히려 사랑일 때가 있다. 그러니까 그는 잘못된 관념을 갖고 있었던 셈이다.

그런데 사람이 살면서 어찌 화나는 일이 없을 수 있겠는가? 그러나 그는 화를 낼 수가 없었다. 화를 내려고 하면 그 즉시 그의 마음속에서는 이런 외침이 들려왔다.

'화는 나쁜 것이야! 화를 내면 나쁜 사람이야!'

그가 자라면서 가지게 된 '화를 내는 것은 나쁜 것이다'라는 관념이 그의 마음속을 가득 채우고 있어 그가 화를 내려고 할 때마다 그의 마음속을 메아리치며 맴돌았다. 그럴 때마다 그는 화를 꾹꾹 참았다.

그러자 그 화는 그의 무의식 안으로 깊숙이 파고들어 가 그의 행동을 지배했다. 그의 마음은 점점 경직돼 갔고, 억압되었던 화는 자신에게 화를 일으켰던 사람들을 교묘한 방식으로 괴롭혔다.

우리 어른들의 마음속에는 이런 고정관념들로 인해 겪는 마음의 고통이 적지 않다. 이런 고통은 사실 잘못된 것이다. 어린아이들을 보라. 그들은 고정관념으로 인한 고통이 없다. 친하게 지내다가도 화날 때는 화를 내고, 또 금방 잊어먹고 언제 그랬냐는 듯 친하게 지낸다. 그들에겐 어른들과 같은 관념으로 인한 스트레스가 없다. 순수하고 천진난만하다.

그러면 우리 어른들도 어린아이들처럼 고정 관념으로 인한 스트레스에서 자유로울 순 없을까? 물론 자유로울 수 있다. 이제 그 방법을 얘기해 보자.

고정 관념은 실체가 아니라 허상이다

우리 마음속의 모든 고정 관념은 자라오면서 경험된 것이다. 원래부터 있었던 게 아니다. 우리의 본질인 생명이 존재함으로써 경험된 것이다. 생명이라는 거울 위에 비쳐진 영상과 같은 것이다. 그것이 우리가 흔히 말하는 '나(에고)'의 구성 요소를 이루고 있다. 경험의 총체가 곧 '나'이기 때문이다.

그것은 실체가 아니라 허상이다. 그 허상에 우리의 본질인 생명이 휘둘리며 상처받고 있는 것이다. 주객이 전도된 것이다.

자, 이제 이러한 실상을 알았으니 어떻게 하면 될까? 우선 여러분의 마음속에서 자신의 경험에서 비롯된 '나'(이 경우의 '나'는 초자아로서 우리 마음속에서 마치 독재자처럼 군림하고 있다)가 외치는 '화는 나쁜 것이다'라는 관념의 소리가 들려오면 그 소리에 영향 받지 말고 그냥 지켜보고 있으라. 깨어 있는 의식인 '생명'으로서, 자신의 마음속에서 '나'가 벌이고 있는 작태를 제3자처럼 관조하고 있으라. 그냥 관찰자로서 남아 있으라.

만약 당신의 화가 상대를 진정으로 위한 것이라면 화를 내라! 그렇지 않고 그 '화'가 '나'의 상처에서 비롯된 것이라면 자신의 마음을 관조하면서 인내하라. 곧 사라질 것이다.

이제 더 이상 고정 관념에 지배되지 말라. 고정 관념은 그것이 아무리 훌륭한 것이라 하더라도 그것은 진리가 아니라 허상이다. 그 허상에 고통 받지 말라! 그것이 '나(에고)'임을 직시하라.

만약 친구나 동료와 논쟁이 있을 때, 논쟁하고 있는 주제에 대한 자신의 관념이 원래는 남에게서 빌려온 것(남이 하는 말이나 책에서 읽은 어떤 내용에 공감하여 그것을 자신의 견해로 삼아 버린 것)임을 자각하고 그 관념에 집착하고 있는 '나'에서 즉각 벗어나라. 비록 논쟁에서는 질지라도.

그리하여 '나'가 고통스럽더라도 그 아픔을 잘 인내하라. 그것은 '나'가 죽어 가는 아픔에 불과하다. 그렇다고 여러분의 본질인 생명이 죽는 것은 아니다.

그 '나'의 죽음 속에서 여러분의 본질인 '생명(사랑)'은 서서히 부활할 것이다. 여러분의 사랑이 좀더 커질 것이다. 게다가 여러분은 친구나 동료를 잃는 위험에서도 벗어나고, 그들로부터도 사랑 받는 존재가 될 것이다.

 **셀프힐링 포인트**

모든 고정 관념은 자라오면서 경험된 것이다. 그것은 생명이라는 거울 위에 비쳐진 영상과 같은 것이다. 그것은 실체가 아니라 허상이다. 그러므로 마음속에서 고정 관념의 소리가 들려오면 그 소리에 영향받지 말고 깨어 있는 의식인 '생명' 으로서, 자신의 마음속에서 나(고정 관념) 가 벌이고 있는 작태를 제3자처럼 관조하라. 그리고 인내하라. 그러면 곧 사라질 것이다.

억압의 치유

'내(에고)'가 일으키는 행위는 그것이 무엇이든
자신이나 남에게 스트레스를 남기지만,
우리의 생명(사랑)이 주체가 되어
외부의 대상이나 자신의 마음속의 '나'의 욕망을 이해하면
그것은 더 이상 스트레스가 되지 않는다.

인간은 자유롭지 못하다. 수많은 윤리 도덕, 규범과 관습, 고정 관념 등의 지식들이 우리 마음속에 뿌리를 내려 단단한 '나(에고)'를 구성하고 있어 우리의 본질인 '생명(사랑)'을 지배하고 있다.

이 자연에서 우리 인간들처럼 부자연스럽게 살아가는 존재도 없을 것이다. 인간은 그렇게도 자유를 원하고 있지만 실제로는 그야말로 자승자박의 존재이다. 스스로 묶고 있으면서도 그런 사실을 알지 못하고 있다.

그러면 이번 기회에 우리 인간이 어떻게 스스로를 구속하고 있으며, 또 어떻게 하면 그런 구속으로부터 자유로울 수 있는지 탐구해 보도록 하자. 여기서는 주로 '억압'에 대해서 다뤄볼 생각이다.

억압은 미움을 낳고 병을 낳는다

어느 대기업 간부가 있었다. 그는 남이 잘못하는 것을 봐주지 못하는 사람이었다. 아랫사람은 물론 자기 자식에게도 한심한 녀석이라고 야단만 쳤다.

한 번은 추석날 귀성길에, 고속도로가 말도 못하게 밀려 거북이걸음으로 가고 있는데, 몇몇 차들이 갓길로 쌩쌩 달려가는 것이었다. 그 모습은 마치 '자식들, 내가 부럽지?' 하는 것 같았다.

거기에 화가 치민 그는 자기 차로 그들을 막고 못 가게 했다. 그러자 우락부락하게 생긴 젊은 사람이 그를 죽일 듯이 다가와 비키라고 하는 바람에 할 수 없이 비켜나게 되었다.

그런데 다른 사람도 똑같이 화가 났을 텐데 왜 그만 유독 그런 행동을 하게 된 것일까?

사실 그도 무척 갓길로 가고 싶었지만 '교통 규칙을 지켜야지. 벌금 내고 싶어?' 하면서 자기를 억누르고 있었다. 바로 그 억눌린 마음이 반사적으로 그런 행동으로 나타났던 것이다.

자신이 믿고 있는 종교에 아주 충실한 매우 도덕적인 여자가 있었다. 그녀는 섹스에 대해서 결벽증에 가까운 거부감을 갖고 있었다. '섹스는 비도덕적인 것이다.' 라는 생각이 마음속에 깊이 박혀 있었다. 그렇지만 그녀는 독신으로 지내면서 성스럽게 살아가고 있는 자신에 대해서 매우 자부심을 갖고 있었다.

그런 그녀였지만, 그녀 역시 인간인지라 살아가면서 문득 문득 성적 욕망이 강하게 밀려올 때가 있었다. 그럴 때마다 그녀는 스스로 큰 죄의식을 느끼면서 그 욕망을 강하게 억누르곤 했다.

남들이 포르노를 보고 있으면 그들을 비난하면서 자신의 보고 싶은 마음을 억압해 버렸다.

그러나 그렇다고 해서 그녀의 마음속에서 성적 욕망이 사라지는 것은 아니었다. 아니, 오히려 그럴수록 그녀의 마음속에는 성적 욕망이 더욱 크게 자라났다.

남들이 성적으로 관련된 어떤 행위를 하면 그녀 마음속의 '나(에고)'가 그 행위를 심하게 비난함으로써 자신의 생각과 행위를 교묘하게 위장했다. 그럼으로써 자신은 계속 종교적이고 도덕적인 여자로 남아 있을 수 있었다. 그러나 그녀는 섹스에서 결코 자유로울 수 없었다.

어른들 중에, 특히 교사나 성직자들 중에는 자신의 직업적 체면 때문에 자신의 감정을 억누르는 경우가 많다. 상황에 따라서 자신의 감정을 말이나 행동으로 표현할 수 있어야 하는데, 그것을 표현하지 못하고 억압한다.

그러다 보면 그런 감정이 쌓여 그의 마음과 태도는 점점 경직되어 가고, 상대에 대한 감정 때문에 상대와의 인간관계가 껄끄러워지고 심지어는 미워하게까지 된다. 그것이 심해지면 육체의 병으로도 발전된다.

부부 관계에서도 마찬가지다. 부부간에 어떤 문제가 발생하면, 예를 들어 어떤 말이나 행동이 자신의 마음에 들지 않으면 그것을 대화를 통해 풀거나, 아니면 이해를 하고 넘어가야 되는데 그냥 꾹꾹 참아 버리고 만다.

그렇게 되면 그 감정은 무의식 속에 잠재해 있다가 어떤 결정적인 순간에 폭발하여 모든 것을 무너뜨려 버린다. 결국 이혼하거나 별거하게 된다.

왜 이런 일들이 벌어지는 것일까? 한번 분석을 해보자.

억압된 욕망은 어떤 방식으로든 복수의 기회를 엿본다

억압을 하면 그 억압받는 대상은 무의식 속으로 깊이 들어가 자리를 잡는다. 그것은 언제든 튀어나올 기회를 노린다. 그것은 결코 사라지지 않는다. 단지 숨어 있을 뿐이다.

억압된 욕망은 어떤 방식으로든 복수의 기회를 엿본다. 반드시 복수를 한다. 어느 순간에 폭발하여 모든 것을 망쳐 버리기도 하고, 교묘한 방식으로 상대를 괴롭히기도 한다.

만약 어떻게든 분출이 되지 못하는 경우에는 자기 자신을 파괴해 버린다. '나'가 행하는 억압이 더 이상 진행되지 않도록 '나'의 기능을 파괴해 버린다. 그것이 바로 정신병이다.

생명의 최대의 목적은 자신을 보존하는 것이다. 그것은 본능이다. 에너지 보존의 법칙은 이 우주의 본능이다.

때문에 생명 에너지는 '나'의 욕망으로 인한 억압이나 스트레스가 극한에 달할 때는 스스로를 지키기 위해 '나'를 파괴해 버린다. 그렇게 되면 억압이나 스트레스가 더 이상 진전되지 않는다. 억압이나 스트레스는 '나' 때문에 발생하는 것이기 때문이다.

성적 욕망을 억압했던 그녀의 경우는, 그녀가 자라오는 동안 자신도 모르게 종교나 윤리 도덕의 영향을 받아 '섹스는 비도덕적인 것이다.'라는 고정 관념이 '나'의 구성 요소로 자리 잡게 되었고, 그 '나'가 항상 그녀의 본질인 생명을 괴롭혀 왔던 것이다.

대기업 간부의 경우는, 고향에 빨리 가고 싶은 욕망과 그것의 좌절, 버스 전용 차선제는 버스나 승합차만 다닐 수 있다는 지식, 그런데도 자신과 같은 승용차가 그 길을 과감하게 가고 있으며, 자신은 그런 용기도 없다는 등등의 '나'의 사고 작용이 분노를 일으켜 그런 돌출 행동을 하게 만들었던 것이다. 그 결과 그의 본질인 생명이 상처를 받게 된 것이다.

위에서 말한 교사와 성직자들의 경우는, 자신들의 직업에 대해 갖고 있는 고정 관념(성스러운 직업이라든가 하는)이 그들 마음속의 '나'에 자리 잡고 있어, 그것이 자신을 지키고 상처받지 않기 위해 감정을 억압하는 것이다. 그 결과 그들의 본질인 생명이 고통을 당하는 것이다.

부부 관계에서도 마찬가지다. 남편(아내)이 이렇게 말하고 이렇게 행동해 줬으면 좋겠다는 '나'의 욕망이 자신의 체면 따위의 이유로 억압된 것이다. 그것은 스트레스가 되어 그들의 본질인 '생명(사랑)'을 좀먹고 파괴한다.

억압에서 자유로워지려면 '있는 그대로'를 이해하라

그러면 이런 억압에서 어떻게 하면 자유로울 수 있을까? 관조와 이해와 인내, 이것이 길이다. 관조란, '나'와 떨어져서 대상을 객관적인 입장에서 바라보면서 '있는 그대로'를 이해하는 것이다.

만약 자신의 남편이나 부인이 어떤 말이나 행동을 했다면 그것은 그 사람의 성격이나 사람됨에서 비롯된 아주 자연스러운 것이다. 그것은 남이 쉽게 바꿀 수 없는 것이다. 개미한테서는 개미 이상의 행동을 바랄 수 없고, 돼지한테서는 돼지 이상의 행동을 바랄 수 없는 것이다.

사람들도 각자 나름대로의 꼴이나 틀을 가지고 있기 때문에 그 꼴이나 틀 이상의 말이나 행동을 바랄 수는 없다.

말을 해서 고쳐질 수 있다면 그보다 좋은 일은 없겠지만, 그렇지 못할 때는 그와의 관계를 끊든가, 아니면 그를 이해하는 수밖에 없다. 그것이 우리가 대상으로부터 스트레스를 안 받고 자유로워지는 길이다.

그러면 그 대상이 자신의 마음속에 있을 때는 어떻게 할 것인가? 그것도 마찬가지다. 자신의 마음속에 일어나는 생각을 관조하면서, 그 생각이 원래 자신의 본질이 아니라, 자라오면서 외부에서 받아들여 쌓인 '나(에고)'라는 것을 이해하고, 그것을 '있는 그대로' 받아들여라.

절대로 참거나 억압하지 말라. 참거나 억압하면 스트레스가 되어 본질인 생명을 괴롭히지만, 이해를 하면 더 이상 스트레스가 되거나, 무의식 속으로 숨어들지 않는다. 그냥 해소가 된다. 대상으로부터 자유로워진다.

'나(에고)'가 일으키는 행위는 그것이 무엇이든 자신이나 남에게 스트레스를 남기지만, 우리의 생명(사랑)이 주체가 되어 외부의 대상이나 자신의 마음속의 '나'의 욕망을 이해하면 그것은 더 이상 스트레스가 되지 않는다.

우리의 본질인 생명은 곧 사랑이요, 사랑은 곧 이해이므로 그것은 모든 것을 수용하고 조화시킨다. 선악의 판단

없이 '있는 그대로'를 이해하고 받아들이는 것, 그것이 곧 사랑이다.

셀프힐링 포인트

자신의 마음속에 그 어떤 생각이 일어나더라도 그 생각들은 원래 자신의 본질이 아니라 자라오면서 외부에서 받아들여 쌓인 '나(에 고)'라는 것을 이해하고, 그것을 '있는 그대로' 받아들여라. 절대로 참거나 억압하지 말라. 참거나 억압하면 스트레스가 되어 본질인 생명을 괴롭히지만, 이해를 하면 더 이상 스트레스가 되거나, 무의식 속으로 숨어들지 않는다. 그냥 해소가 된다. 대상으로부터 자유로워진다.

지식으로 인한 고통의 치유

지식이란 원래 실체가 아니라 계속 변해 가는 것이다.
삶의 수단인 이런 지식을 마치 영원한 실체인 것처럼 집착하고
그것을 '나'로 생각하고 살게 되면, 그 '나'는 사회를 파괴하고
결국 자기 자신까지도 파괴해 버리는 괴물로 변하게 된다.

성경에 보면, 아담과 이브가 에덴동산에서 금단의 열매인 선악과를 따먹고 에덴동산에서 쫓겨나게 되었다는 얘기가 있다. 이 이야기의 상징적인 의미를 쉽게 풀이해 보면 이렇다.

'인간의 마음은 원래 천국과 같이 평화롭고 순수하고 소박했는데, 지식으로 인해 선과 악의 분별을 하게 되면서부터 마음의 순박함과 평화를 잃어버리게 되었다.'

우리가 이 세상을 살아가려면, 특히 현대와 같이 복잡하고 급변하는 시대를 살아가려면 수많은 지식과 경험이 필요하다. 각종 사회 제도 및 규범에 관한 지식을 비롯하여, 직업에 관련된 지식, 살아가기 위한 여러 가지 문명의 이기들에 대한 지식 등등, 그 지식의 양은 헤아릴 수 없이 많다.

이런 지식들은 매우 유용하여 우리가 세상 속에서 제대로 살아가기 위해서는 반드시 갖추어야 할 것들이다.

그런데 문제는, 이렇게 생활에 유용한 지식들이 파괴적인 것이 될 수 있다는 것이다. 그것은 바로 지식이 '나(에고)'로 고착이 되었을 때이다.

지식은 삶의 수단이다

원래 지식은 이 세상을 살아가기 위한 수단으로 존재하는 것이다. 그것 자체가 목적은 아니다. 그것은 뗏목에 비유할 수 있다. 뗏목은 강을 건너가기 위한 수단이다. 강을 건넌 다음에는 버리고 가야 한다. 그런데도 대부분의 사람들은 강을 건너고 나서도 그 뗏목이 아깝다고 하면서 무겁게 짊어지고 다닌다. 뗏목은 강을 건널 때만 쓰면 되는 것이다.

마찬가지로 사람들은 지식이라는 짐을 짊어지고 다니면서 거기에 짓눌리고 있다. 거기에 얽매여 자유롭지 못하다. 수많은 지식을 '나' 속에 집어넣어 자신이 뭔가 대단한 존재인 것처럼 위장하고 있다. 거울 속에 비친 허상을 마치 실체인 양 부둥켜안고 집착하고 있다.

도시의 어느 가난한 판잣집 동네에서 태어난 젊은이가 있었다. 이 청년은 대학 시절에 사회주의 이론에 심취하여 그 지식만이 이 세상을 구원할 수 있다고 생각하면서 자신의 '나'를 온통 사회주의 지식으로 가득 채웠다.

그러다가 우연히 그런 사회에서 직접 살게 되어 몸소 체험하게 되자 자신이 생각한 것과는 전혀 다름을 알게 되면서 그의 '나'는 그 기반부터 흔들리기 시작했다. 그러면서 그의 혁명적이고 파괴적인 태도도 변해 갔다.

지식이란 원래 실체가 아니라 계속 변해 가는 것이다. 삶의 수단인 이런 지식을 마치 영원한 실체인 것처럼 집착하고 그것을 '나'로 생각하고 살게 되면, 그 '나'는 사회를 파괴하고 결국 자기 자신까지도 파괴해 버리는 괴물로 변하게 된다. 세상의 평화는 물론이고, 자신의 마음의 평화와 순박함까지도 잃어버리는 결과를 낳게 된다.

세상은 우리의 마음의 반영이기 때문에, 우리의 마음이 평화롭지 못하면 세상의 평화도 존재할 수 없는 것이다.

박사 학위까지 받은 교수 한 분이 있었다. 교수는 자신이 박사라는 것에 대해 매우 자부심을 갖고 있었고, 어떤 상황에서도 항상 자신이 남보다 많이 안다는 것을 위안으로 삼고 있었다. 그러니까 그의 '나(에고)' 안에는 자신은 교수요 지식인이라는 딱지가 단단히 붙어 있었던 것이다.

그래서 그는 남들과 어떤 주제를 논하게 되면 항상 자신을 강하게 내세워 상대를 눌러 버렸다. 물론 논리도 무척 정연했다. 그의 '나'는 매우 기분이 좋았다.

그러나 그의 주변에는 사람이 모여들지 않았다. 그의 옆에만 있어도 숨이 꽉꽉 막혔다. 그것은 당연한 결과였다. 그는 자신의 지식을 진리를 탐구하고 학생들을 가르치기 위한 목적보다는 '나'를 강화하기 위한 목적에 더 충실히 사용했기 때문이다.

인간은 지식으로부터 자유롭지 못하다

우리가 지식에 얼마나 얽매여 있는지 쉬운 예를 들어보자.

자, 여러분이 친구들하고 같이 술 한 잔 하러 갔다. 그런데 여러분의 뒤에서 어떤 친구가 큰소리로 이렇게 외쳤다.

"강원도 놈들은 다들 어수룩해!"

"서울 놈들은 다들 약아빠졌어!"

"전라도 놈들은 다들 몹쓸 놈들이야!"

"경상도 놈들은 다들 무식해!"

"충청도 놈들은 다들 음흉해!"

"경기도 놈들은 다들 교활해!"

여러분은 과연 어떤 말에서 마음이 움직이고 감정이 일어났는가? 아마 대부분 자신의 출신지에 해당되는 말을 들었을 때 어떤 반응이 일어났을 것이다. 예전에 어떤 술집에서는 이와 비슷한 문제로 술집에서 난투극이 벌어져 사람이 죽는 일까지 있었다고 한다.

예를 하나 더 들어보자.

"한국 여자들처럼 편한 여자들이 이 세상에 어디 있어? 남편들이 꼬박꼬박 돈 갖다 주겠다. 낮에는 친구들과 어울려서 마음대로 먹고, 놀고…"

"한국 남자들은 정말 여자를 배려할 줄 몰라. 여자를 노예로 알고 있나 봐."

여러분은 이 두 가지 말 중에서 어느 쪽에 마음이 움직였는가? 첫 번째? 그러면 여러분은 여자일 것이다. 두 번째? 그러면 여러분은 남자일 것이다.

왜 이런 일이 벌어지게 되었는가? 그것은 바로 여러분의 지식 때문이었다. 여러분은 자라오면서 자신이 어느 지방 출신이고, 여자인지 남자인지를 경험을 통해서 알게 되었고, 또 자신을 그런 사실과 동일시하였다. 게다가 한국말도 자라면서 배우게 되었다. 그런 지식(아는 것)이 여러분 마음속의 '나' 에 굳게 뿌리박고 있는 것이다.

만약 여러분이 한국말도 모르고, 자신이 어느 지방 출신인지, 남자인지 여자인지도 모른다면 여러분의 마음속에서는 아무런 반응이 일어나지 않았을 것이다. 이것은 우리가 얼마나 지식에 구속되어 있는지를 보여주는 단적인 예이다.

인도의 성자(聖者) 지두 크리슈나무르티가 '아는 것으로부터의 자유' 라는 말을 했는데, 우리 대부분의 사람들은 자신이 아는 것으로부터 거의 자유롭지 못하다. 왜냐 하면 자신이 알고 있는 것을 마치 자신의 실체인 양 붙잡고, 그것을 '진정한 나' 로 알고 살고 있기 때문이다.

그래서 누군가 자신이 알고 있는 지식에 대해 반박을 가하면 거기에 지지 않기 위해 온갖 논리를 펼치면서 논쟁을 한다. 그 결과, 이기면 매우 기분 좋아하고, 지면 매우 기분 나빠한다. 이런 식의 싸움이 인간 세상에는 부지기수이며, 그로 인하여 인간관계가 증오와 불신과 반목을 일삼게 되는 것이다.

이데올로기? 사상? 이념? 이들도 모두 지식이다. 이런 지식의 대립으로 인류가 지금까지 겪은 아픔은 이루 말할 수가 없다. 사상과 견해의 대립으로 인한 파벌, 당파조차도 다 지식으로 인하여 생겨난 것이다.

이제 이런 이데올로기의 시대는 끝나가고 있다. 그것은 그만큼 우리 인간이 성숙했다는 것을 의미한다. 세상의 변화는 곧 인간의 마음의 반영이기 때문이다.

21세기에 접어든 요즘에 와서는 많은 사람들이 자유로운 삶을 추구하는 경향이 강하다. 직업의 자유뿐만 아니라, 마음의 자유까지 찾는 것이 주된 흐름이 되어 가고 있다.

그러나 아직도 우리는 여전히 지식으로 인하여 마음의 고통을 겪고 있다. 도덕이나 윤리, 종교적 도그마, 그 외 수많은 주장과 이론들. 이런 지식들이 우리가 자라온 환경에 따라 마음속에 각양각색의 형태로 들어앉아 있다.

이런 지식의 차이는 사람들을 서로 갈라놓고, 싸우게 하고, 미워하게 한다. 서로 다른 종교의 싸움, 서로 다른 주장의 싸움, 서로 다른 이론의 싸움 등이 다 그런 것이다. 자연은 고요하건만 인간 세상은 다툼이 끊이질 않는다.

지식은 단지 지식일 뿐이다. 어떤 지식도 완벽한 것은 없다. 지식은 단지 진리로 가는 데 있어서 하나의 징검다리요 수단일 뿐이다. 그것은 집착할 대상이 아니다. 하나의 방편일 뿐이다. 지식은 한낱 달을 가리키는 손가락에 불과하다.

그런데도 우리는 달을 보려고 하지 않고 손가락에만 집착하고 있다. 진리를 보려고 하지 않고 지식에만 집착하고 있다. 그 집착이 고통을 낳는 것이다. 때문에 우리는 지식에 대해 중립적인 자세를 취할 필요가 있다.

셀프힐링 포인트

지식이나 경험은 거울 속에 비친 영상과 같은 것이다. 우리가 살아 있음으로써, 즉 생명이 있음으로써 지식이나 경험도 가질 수 있는 것이다. 그런데도 사람들은 그 지식이나 경험을 나 로 착각하고 거기에 집착하고 있다. 그 집착이 고통을 낳는 것이다.

지식은 단지 지식일 뿐이다. 어떤 지식도 완벽한 것은 없다. 지식은 단지 진리로 가는 데 있어서 하나의 징검다리요 수단일 뿐이다. 때문에 우리는 지식에 대해 중립적인 자세를 취할 필요가 있다.

갈등의 치유

자신의 마음속에서나 실제 현실 속에서
도저히 피해 갈 수 없는 것은 결코 외면해서는 안 된다.
그 사건, 그 상황과 정면으로 맞서야 한다.
그것이 문제를 해결할 수 있는 유일하고도 최선의 방법이다.

사람이면 누구나 살아가는 동안에 직면하고 싶지 않은, 정말로 외면하고 싶은 사건이나 상황이 있을 것이다. 그럴 때 우리는 과연 어떻게 해야 하는 것일까? 그냥 외면해 버리면 될까?

우리 인생에는 외면해도 될 일이 있고, 외면해선 안 될 일이 있다. 자신의 마음속에서나 실제 현실 속에서 도저히 피해 갈 수 없는 것은 결코 외면해서는 안 된다. 그 사건, 그 상황과 정면으로 맞서야 한다. 그것이 문제를 해결할 수 있는 유일하고도 최선의 방법이다.

갈등을 해결하려면 갈등에 직면하라

내가 그녀와 한창 열애에 빠져 있었을 때 있었던 일이다.

나는 어느 날 우연히 그녀의 첫사랑에 대한 얘기를 듣게 되었다. 남자는 그녀를 무척 좋아하고 아껴주었는데, 어떤 일을 계기로 남자와 헤어지게 되었다고 했다. 그 어떤 일이란 이런 것이었다.

그녀의 집은 매우 가난했으나 남자의 집은 매우 부유했다. 서로 친하게 되자 그녀는 남자의 집에도 출입하게 되었는데, 언제부턴가 남자 집에서 그녀를 바라보는 시선이 변해 있음을 느꼈다. 그 이유는 바로 그녀의 가정 형편 때문이었다. 원래 자신의 가정 형편에 대해 콤플렉스를 가지고 있었던, 자존심 강한 그녀는 남자의 끈질긴 매달림에도 불구하고 그를 뿌리치고 떠나 버렸던 것이다.

그 애기를 듣고 난 나는 '음, 그런 일이 있었군. 나도 헤어진 적이 있었으니까 뭘.' 이렇게 생각하고 그냥 가볍게 넘어가 버렸다.

그런데 그게 아니었다. 한가한 시간이 되면 문득 문득 그녀의 첫사랑 장면이 내 마음속을 비집고 들어왔다. 그리고는 거의 자동적으로 그들의 사랑 장면이 펼쳐졌다.

그들의 관계가 어느 정도 선까지 진행됐는지는 잘 알 수 없는 일이지만, 남녀 간의 관계라는 것이 늘 그렇듯 그들도 깊은 관계까지 갔으리란 생각이 들었다. 그 진실은 나자신도 아직 모르지만. 아무튼 당시 나에게는 그 일이 쉽게 떨쳐 버릴 수 있는 것이 아니었던 것만은 사실이다.

그렇게 수시로 떠오르는 그들의 사랑 장면은 내 마음속에 적잖이 고통을 일으켰다. 그래서 나는 그 생각이 떠오를 때마다 애써 떨쳐 버렸다. 그러나 그것은 그 때뿐, 또 한가한 시간이면 어느 샌가 나의 마음속을 파고 들어왔다. 그것은 마치 끈질긴 투견 같았다. 틈만 나면 나를 공격했다. 나는 더 이상 견딜 수가 없었다.

그 날 밤, 나는 잠자리에 들기 전에 마음을 차분히 가라앉히고 나를 끈질기게 붙잡고 놓아주지 않는 그들의 사랑 장면을 마음속에 떠올렸다. 그리고는 그 생각이 흐르는 대로 놔두었다.

그 생각은 늘 같은 방식으로 흘렀다. 나는 그냥 그 장면을 지켜보는 자로 남아 있었다. 예전처럼 내가 거부하고싶은 장면에 개입하여 흐름을 막지 않았다. 그녀가 남자와 관계를 맺는 장면까지 다 상상해 버렸다. 그 과정은 나에게는 고통이었다.

그런데 신기한 것은, 그 이후로는 두 번 다시 그 생각이 나를 괴롭히지 않았다는 사실이다. 정말 신기하게도.

만약 여러분에게 자신을 괴롭히는 생각, 떨쳐 버리고 싶은 생각이 있다면, 이제 더 이상 외면하거나 피하지 말라. 고통스럽더라도 그 생각을 이해하고 그 생각에 직면하라. 그리하여 그 생각을 뿌리째 뽑아 버려라. 그러면 더 이상 여러분을 괴롭히지 않게 될 것이다.

사실 내 마음이 고통스러웠던 것은 나 자신 속의 '나(에고)'의 욕망 때문이었다. 나의 공허한 '나'는 그녀를 자기만의 것으로 소유하고 싶었던 것이다. 그 욕망이 그녀의 첫사랑 얘기, 아니 망상적인 상상에 상처를 입었던 것이다.

지켜보는 자가 되라

이런 과정에서 우리가 반드시 알아야 할 것이 있다. 그것은, 고통을 느끼는 것은 우리 마음속의 '나'지, 결코 우리의 본질인 생명이 고통을 느끼는 것은 아니라는 사실이다.

그러니까 우리에게는 '마음의 고통'(나)이 있고, 또 한편으로 그 고통을 지켜보는 '깨어 있는 의식'(생명)이 있는데, 우리의 마음이 아무리 고통스럽더라도 그것을 지켜보고 있는 의식은 맑게 깨어 있을 수 있다는 것이다. 그 고통을 지켜보는 자, 그 아픔을 관조하는 의식, 그것이 바로 우리의 변함없는 본질인 생명이다.

이것을 연극에 비유해 보면, '나(에고)'는 무대에서 공연되고 있는 연극이고, 우리의 본질인 '생명'은 관객이라고 할 수 있다. 지금 무대 위에서 아무리 무서운 장면이 공연되고 있다 하더라도 관객은 단지 관찰자로서 무심하게 관조할 수 있다.

관객들 중에는 무대에서 벌어지고 있는 사건을 현실로 착각하여 자신이 마치 그 사건의 등장인물인 듯 두려움을 느끼거나 심지어는 비명까지 지르는 사람도 있겠지만, 그러나 사실 관객은 무대와는 떨어져 있는 별개의 존재이기 때문에 아무런 두려움을 느끼지 않아도 된다.

이와 마찬가지로 우리의 본질인 생명도 우리의 '마음의

고통' 을 관객처럼 무심하게 관조할 수가 있다. 비록 그 고통을 지켜보는 동안에도 고통은 느껴지지만 그 고통은 그리 오래 가지 않는다.

우리가 이 '나(에고)' 의 개념을 이해하고 자신의 마음을 관조하면 마음의 어떤 고통도 스스로 치유할 수 있다. 이해는 곧 사랑이기 때문이다.

사랑은 모든 것을 포용하고 모든 고통을 녹여 버린다. 우리의 본질인 '생명' 은 깨어 있는 의식으로서, 그것이 관찰자가 되어 '나' 가 일으키는 마음의 고통을 이해하고 지켜보고 있으면 그 고통은 마치 레이저에 의해 암이 녹아 없어지듯 그렇게 사라져 버린다. 이것이 사랑의 위대한 힘이다.

셀프힐링 포인트

만약 여러분에게 자신을 괴롭히는 생각, 떨쳐 버리고 싶은 생각이 있다면, 이제 더 이상 외면하거나 피하지 말라. 고통스럽더라도 그 생각을 이해하고 그 생각에 직면하라. 그리하여 그 생각을 뿌리째 뽑아 버려라. 그러면 더 이상 여러분을 괴롭히지 않게 될 것이다.

심적 고통의 치유

사랑을 터득하기 전까지는 우리 인간은 끝없이 고통을 겪어야 한다.
그 고통 속에서 사랑을 터득하기를 자연은 바라고 있다.
그리하여 궁극적으로 우리 모두가 자연의 본질인 생명(사랑)의 고향으로
다시 돌아오기를 우주는 간절히 바라고 있다.
그것이 고통의 진정한 의미이다.

대부분의 사람들에게 있어서 고통은 거의 무의식적인 것이다. 살아 있기 때문에 당연히 겪는 것이고, 어쩔 수 없는 것이라고 생각한다.

그러나 고통에는 심오한 의미가 숨어 있다. 그것은 바로 우주적 조화에서 벗어나 있다는 경고이다. 생명(사랑)에서, 중용에서, 현실에서 벗어나 있음을 암시하는 것이다.

우주의 법칙 중에 자기 보존의 법칙이라는 게 있다. 그리하여 조화와 균형으로 항상 최상의 안정을 유지하고 있다. 우주가 영원한 것은 바로 그 때문이다. 그것은 우주 안

의 모든 존재들에도 해당된다.

우주는 스스로가 조금이라도 조화와 균형에서 벗어날 때는 곧 어떤 작용을 일으켜 불균형을 바로 잡는다. 그것은 우리가 직접 실험해 볼 수 있다.

차가운 물이 들어 있는 컵에다 뜨거운 물을 넣으면 조금 있으면 미지근한 물이 된다. 곧 평형을 이룬다.

사막의 모래 위에 구덩이를 하나 파놓으면 다음날 가서 보면 구덩이는 어디로 갔는지 보이지 않는다. 주변의 모래들이 그 빈자리를 채우는 것이다. 구덩이는 불균형이므로.

절벽 위에 아슬아슬하게 매달려 있는 바위, 그것은 아직 전체 속에서 균형을 이루고 있기 때문에 여전히 매달려 있는 것이다. 거기서 조금이라도 균형이 깨지면 그 바위는 굴러 떨어진다. 그리하여 안정을 되찾는다.

지진이라는 것도 지구 자체가 자신을 보존하기 위해 균형을 바로 잡는 과정에서 일어나는 것이다.

고통은 우리를 지켜주기 위한 자연의 경고이다

고통에는 여러 가지 이유가 있지만, 현상적으로 봤을 때, 육체적 고통, 정신적 고통, 생활적 고통 등이 있다.

먼저 육체적 고통을 보자. 발에 못이 박히면 몹시 아프다. 우리는 아프기 때문에 못이 박힌 것을 깨닫고 그것을 빼낸다. 그러나 만약 아프지 않다면 깨닫지도 못할 것이고, 못이 박힌 채로 걸어 다닐 것이다. 그러다 어느 날, 발이 썩어 감을 발견하게 될 것이다.

그렇다면 고통은 우리를 지켜주기 위한 경고인 셈이다. 질병이라는 것도 알고 보면 우리의 생활 태도에 뭔가 문제가 있음을 경고하는 것이다. 육체의 조화와 균형을 깨뜨린 원인을 빨리 찾아서 해결하라는 경고인 셈이다. 그것을 무시하게 되면 우리는 결국 자신을 보존할 수 없게 된다.

우주의 자기 보존의 법칙이 주는 경고를 무시하면 결국 돌아오는 것은 죽음이다. 우주의 입장에서 보면 죽음도 결국은 안정이기 때문이다.

다음으로 정신적 고통을 보자. 여러분이 1억을 빌려서 주식을 하다가 갑자기 폭락해서 휴지 값이 되어 버리면 여러분의 마음은 무진장 고통스러울 것이다. 그 고통은 바로 여러분이 돈에 집착하여 마음의 조화와 중용을 잃어버렸음을 경고하는 것이다.

사랑하는 연인과의 사이에 고통이 있다면 여러분이 연인에게 집착하고 있음을 경고하는 것이다. 집착하지 않으면 괴로울 리가 없다. 그것은 아직 진정한 사랑이 아니다.

마지막으로 생활적인 고통을 보자. 여러분이 만약 인간관계 때문에 마음의 고통을 겪고 있다면 그것은 여러분의 인간관계에 부조화가 있음을 경고하는 것이다. 자신의 생활 태도에 뭔가 문제가 있는 것이다.

또 여러분이 무리하게 돈을 빌려서 사치스러운 생활을 하다보면 머지않아 은행이나 채권자로부터 끊임없는 시달림을 받게 된다. 그 고통은 당해본 사람이 아니면 모른다. 그것도 또한 여러분의 생활 속에서 금전적인 면에서의 균형과 조화를 되찾으라는 경고이다.

또 여러분이 불성실하여 비참할 정도로 가난함을 겪고 있다면, 그것도 여러분의 태도에 뭔가 문제가 있음을 경고하는 것이다.

그렇다면 자연에 있어서 고통이라는 것은 우주가 자신

을 보존하기 위한 것이라는 것을 알 수 있다. 칼릴 지브란도 <예언자>에서 이렇게 말하고 있다.

"그대들 고통의 대부분은 스스로 택한 것.

그것은 그대들 내부의 의사가 병든 자아를 치료하는 쓰디쓴 한 잔의 약이기에.

그러므로 의사를 믿어라.

그리고 말없이 침착하게 그가 내주는 약을 마시라.

그 손은 무겁고 거칠지라도 보이지 않는 이의 부드러운 손길에 인도되고 있으므로.

그리고 그가 내주는 잔 또한 그대들의 입술을 불타게 할지라도

도공이 자기의 신성한 눈물로 적신 진흙으로 빚은 것이기에."

결국 고통이라는 것은 매우 고마운 일이다. 때문에 고통이 나타나면 기뻐하라. 그리고 고통을 준 상대가 사람이든 질병이든 물건이든, 그에게 무조건 감사하라. 여러분의 잘못을 깨우쳐 주거나, 여러분의 마음속에 감춰져 있는 '나'를 발견하게 해주었기 때문이다.

고통은 신의 은총이요 사랑이다

인생에서 제일 중요한 것은 '진정한 자아(생명)'를 발견하는 일이다. 특히 진리의 길을 추구하는 사람에게는 생명은 여러 가지 시련을 주어 그를 단련시켜 자신을 위한 도구로 삼는다.

때문에 진리를 추구하는 사람들은 더 많은 시련이 다가올 것을 각오해야 한다. 우리의 생명(무의식)은 그 사람이 진정으로 마음속에 두고 있는 것을 도와주는 쪽으로 움직이기 때문이다. 그것이 좋은 것이든 나쁜 것이든 관계하지 않는다. 병을 염려하면 병을 준다.

아무튼 시련이 닥쳐온다는 것은 바로 생명이, 진리를 찾고자 하는 여러분의 소원에 응답하고 있다는 사실을 말해주고 있는 것이다. 그래서 시련과 고난을 '신의 은총'이니, '신의 사랑'이니 하며 말하는 것이다.

그 시련과 고난은 우리로 하여금 '나'의 집착을 제거하고 '생명'을 발견할 수 있게 해준다. '나'라는 것은 그 자체가 가지는 인력(욕망)으로 인해 수없이 많은 고통을 겪을 수밖에 없다. 우리가 그 고통을 관조하여 그 원인을 이해하고 사랑할 때, 우리는 비로소 아무런 고통이 없는 집착 없는 사랑, 즉 생명(사랑)의 본질을 알게 된다.

자연은 진화가 목적이다. 진화의 끝은 곧 사랑이다. 그것을 위해 자연은 우리에게 고통을 주는 작용을 계속하고 있다.

사랑을 터득하기 전까지는 우리 인간은 끝없이 고통을 겪어야 한다. 그 고통 속에서 사랑을 터득하기를 자연은 바라고 있다. 그리하여 궁극적으로 우리 모두가 자연의 본질인 생명(사랑)의 고향으로 다시 돌아오기를 우주는 간절히 바라고 있다. 그것이 고통의 진정한 의미이다.

그런데도 거기에서 교훈을 배우지 못한다면 우리는 계속해서 같은 고통을 반복해야만 한다. 그것이 윤회의 참된 의미이다.

그래서 우리가 좀 더 빨리 '나'를 발견하고자 한다면 이 세상 속에 살아야 한다. 혼자서는 자신의 꼴을 쉽게 발견할 수 없다. '나'의 껍질을 벗기기가 어렵다. 고통의 기회가 적기 때문이다.

감자의 껍질을 쉽게 벗기려면 큰 대야 안에 많은 감자를 집어넣고 서로 막 비벼대면 된다. 이 세상은 큰 대야이고, 우리 각자는 대야 안의 감자인 셈이다. 이 우주는, 우리가 수많은 인간관계 속에서 서로 부대끼면서 고통을 겪게 함으로써 우리 각자가 자신 속의 '나'의 껍질을 스스로 벗겨서 더 이상 고통이 없는 태초의 생명의 상태로 돌아가게 하려고 하고 있다.

요컨대, 이 우주의 근본인 '생명(사랑)'은 그 자체의 법칙을 갖고 있으며, 거기에 합당하면 복을 주고 거기에서 벗어나면 고통을 준다. 생명을 사랑하고 지켜주고 키워주는 자에게는 복을 주고, 생명을 해치고 괴롭히고 사랑하지 않는 자에게는 벌을 준다. 이것이 곧 자연의 법칙이요, 신의 법칙이요, 생명의 법칙이다.

셀프힐링 포인트

고통에는 심오한 의미가 숨어 있다. 그것은 바로 우주적 조화에서 벗어나 있다는 경고이다. 생명(사랑)에서, 중용에서, 현실에서 벗어나 있음을 암시하는 것이다. 그리하여 고통은 우리로 하여금 나(에고)의 집착을 제거하고 '생명'을 발견할 수 있게 해준다.

나라는 것은 그 자체가 가지는 인력(욕망)으로 인해 수없이 많은 고통을 겪을 수밖에 없다. 우리가 그 고통을 관조하여 그 원인을 이해하고 사랑할 때, 우리는 비로소 아무런 고통이 없는 집착 없는 사랑, 즉 생명(사랑)의 본질을 알게 된다.

콤플렉스의 치유

'나(에고)' 의 껍질은 그것이 벗겨질 때마다 심한 고통을 겪는다.

그것은 마치 양파의 껍질을 벗기는 과정과 비슷하다.

양파의 껍질을 벗기다 보면 눈이 몹시 맵고 눈물이 나온다.

그러나 계속 벗겨나가다 보면 나중에는 아무 것도 남지 않는다.

콤플렉스는 일종의 열등감을 말하는데, 대부분의 사람들은 이런 콤플렉스를 한두 가지 이상은 가지고 있다. 어떤 사람은 가난에 대해서 말하면 아주 민감한 반응을 보이고, 어떤 사람은 학벌 얘기를 꺼내면 얼굴 표정이 180도로 바뀌고, 어떤 사람은 결혼 얘기를 하면 매우 기분 나빠한다. 이 모든 것이 다 콤플렉스다.

사실 이런 콤플렉스는 우리가 어렸을 때는 원래 없었던 것이다. 자라면서 경험을 통해서 생긴 것이다. 가난을 경험하고, 대학을 졸업하지 못하고, 결혼을 못 한 사람들이 위와 같은 콤플렉스를 가질 수 있는 것이다. 물론 같은 경험을 한 사람이라도 그것이 콤플렉스로 발전하지 않은 사람도 있다.

때문에 자신에게 어떤 콤플렉스가 있다면 그것이 나타나는 즉시 자신의 마음을 들여다보라. 과거의 어떤 경험이 자신에게 민감한 반응을 일으키며, 자신이 거기에 왜 상처받는지를 이해하라. 같은 말을 들었는데도 남들은 아무런 상처를 안 받는데 왜 자신만 마음의 상처를 받는지 그 원인을 분석하라.

그 원인은 분명히 여러분의 과거의 경험에서 비롯되었

을 것이다. 그것이 바로 '나(에고)'다. '생명'이라는 하늘에 '나'라는 구름이 떠다니다가 외부로부터의 어떤 작용에 반응을 한 것이다. 그러면서 즉시 감정이 일어나고 구름이 상처를 받는 것이다. 얼마나 우스운 일인가. 거울 속의 영상이 상처를 받는다는 게.

영상은 허상이다. 그것은 새가 날아간 흔적과 같다. 그것은 실체가 없다. 이미 지나간 것이다. 그것을 붙들고 있지 말라. 여러분의 과거는 이미 지나가고 현재에는 없는 것이다. 그것은 죽은 것이다. 죽은 것을 부둥켜안고 그것이 마치 진정한 자신인 것처럼 소중히 지키려고 하고 있는 것이다.

우리는 너무 무겁다. 과거라는 허상을 무거운 짐처럼 짊어지고 살고 있다. 버려야 할 쓰레기를 쓸데없이 지고 다니면서 고통스러워하고 있다. 그래서 예수도 말했다.

"짐 진 자들아, 다 내게로 오라. 내가 너희를 편히 쉬게 하리라."

이 짐이 바로 우리의 경험의 집합체(과거)인 '나'다.

마음의 상처의 책임은 자신에게 있다

생명은 순수 현재다. 우리는 결코 과거나 미래를 살 수 없다. 오로지 현재만을 살 수 있다. 여러분의 눈앞에 펼쳐지고 있는 현실은 항상 현재이다. 거기에 과거가 끼어들지 않도록 하라.

과거의 경험이 현재의 여러분의 마음에 끼어들어 상처 받으려고 하면 그 즉시 자각하고 결코 거기에 휩쓸려 들지 말라. 노아의 방주를 타라. 결코 '나(에고)' 라는 홍수에 휩쓸리지 말라. 그것이 바로 자기 자신을 사랑하는 길이다.

자신의 마음에 상처를 주는 것은 자신을 사랑하는 것이 아니다. 자신의 마음을 분노로 들끓게 하여 혼란으로 몰아 넣는 것은 결코 자신을 사랑하는 행위가 아니다. 자신에게 상처를 준 상대방에게 화를 내거나 그를 미워하는 것도 사랑이 아니다.

외부 세계는 항상 변한다. 그들은 여러분의 마음속에 어떤 상처가 있는지 모른다. 그들은 그냥 지나가는 말로, 가난이나 학벌이나 결혼을 들먹였을 뿐이다. 결코 여러분에게 상처를 주기 위해서 한 말이 아니다. 상처를 일으킨 원인은 '나'에 있는 것이다.

때문에 상대에게 화를 내거나 상대를 미워하지 말라. 상처의 책임은 자신에게 있는 것이다.

또 설사 상대방이 여러분에게 상처를 주기 위해서 일부러 그런 말을 했다 하더라도 그 작전에 말려들지 말라. 여러분의 마음을 상대에게 맡겨 놓지 말라. 여러분의 마음의 주인은 여러분이다.

그런데도 상대가 의도하는 대로 여러분의 마음이 상처를 입는다면 그것은 여러분의 잘못이다. 자기의 마음을 상대가 마음대로 할 수 있도록 맡겨 놓은 것은 바로 여러분 자신이기 때문이다.

요컨대, 여러분이 인간관계 속에서 자신의 마음에 어떤 콤플렉스로 인한 마음의 상처가 생겼다면, 그 상처는 '나', 즉 거울 속의 영상이 일으키는 장난이라는 것을 빨리 깨닫고 그 즉시 거기에서 탈출하라.

비록 자신에게 상처를 준 상대에게 화내고 싶고, 그를 때리고 싶더라도 그런 '나'의 홍수에 휩쓸려 들지 말고 그 아픔을 관조하면서 인내하라. 매우 고통스러울 것이다. 그래도 그 아픔을 보듬으며 사랑하라. 그러면 서서히 아픔은 사라질 것이다.

이것이 진정 자기 자신을 사랑하는 방법이다. 이 과정을 거치게 되면 여러분의 콤플렉스는 완전히 해소된다.

그런데 신기한 것은, 여러분이 자신의 무의식에 숨어 있던 것을 의식 밖으로 드러내어 자각하게 되면 그것이 더 이상 여러분을 괴롭히지 않게 된다는 사실이다. 완전히 치료가 된다. 이해와 사랑은 모든 아픔을 치료해 준다. 이것이 사랑의 위대한 힘이다.

이제 여러분은 상대가 더 이상 밉지 않다. 아픔의 원인을 자신의 탓으로 돌렸기 때문이다.

자신의 마음에 상처를 준 상대에게 감사하라

어찌 보면 상대는 여러분에게 고마운 존재다. 여러분의 무의식 속에 갇혀 있던 상처를 드러나게 하여 영원히 해방시키는 계기를 만들어 주었기 때문이다.

때문에 여러분은 상대에게 오히려 감사해야 한다. '나의 콤플렉스를 발견하게 해 줘서 고맙습니다.' 라고.

여러분은 이제 좀 더 사랑이 많은 사람이 되었다. '나'의 아픔을 사랑함으로써 '나'의 껍질이 한 꺼풀 벗겨져 나갔다.

'나(에고)'의 껍질은 그것이 벗겨질 때마다 심한 고통을 겪는다. 그것은 마치 양파의 껍질을 벗기는 과정과 비슷하다. 계속 벗겨나가다 보면 나중에는 아무 것도 남지 않는다.

'나(에고)'라는 것도 마찬가지다. 그것은 경험의 집합체이기 때문에 그 경험한 요소들에 대한 집착이 전부 떨어져 나가면 그 집은 무너져 내린다. 거기에는 아무 것도 없다. 텅 비어 있다. 원래의 생명 에너지만이 그 자리에 굽이칠 뿐이다. 그것이 곧 깨달음이요, '생명(사랑)'과 하나가 되는 길이요, 내면의 천국에 도달하는 길이다.

셀프힐링 포인트

자신의 마음에 어떤 콤플렉스로 인한 마음의 상처가 생겼다면, 그 상처는 나(에고), 즉 거울 속의 영상이 일으키는 장난이라는 것을 빨리 깨닫고 그 즉시 거기에서 탈출하라. 비록 자신에게 상처를 준 상대에게 화내고 싶고, 그를 때리고 싶더라도 그런 나의 홍수에 휩쓸려 들지 말고 그 아픔을 관조하면서 인내하라. 매우 고통스러울 것이다. 그래도 그 아픔을 보듬으며 사랑하라. 그러면 서서히 아픔은 사라질 것이다. 이것이 진정 자기 자신을 사랑하는 방법이다.

비난의 치유 1

마음속에 어떤 생각이 흘러 다닌다 하더라도
거기에 대해 결코 어떤 판단도, 어떤 비난도 하지 말라.
그냥 그 모든 생각을 자신의 친한 친구처럼 받아들이고 이해하라.
그것이 바로 자신을 진정으로 사랑하는 길이다.

바다 속에 수많은 것들이 존재하고 있듯이 우리의 마음 속에도 수많은 것들이 존재하고 있다. 바로 수많은 생각들이 그것이다. 생각은 몇 가지로 나눌 수 있는데, 첫 번째, 대상과 마주쳤을 때 떠오르는 생각, 두 번째, 해결해야 할 일이나 고민이 있을 때 하는 생각, 세 번째, 구름처럼 그냥 스쳐 지나가는 생각 등이 있다. 여기서 문제는 첫 번째와 세 번째의 경우다.

우리는 어떤 대상과 접하게 되면 거의 습관적으로 그 대상에 대해 생각을 떠올리게 된다. 아름다운 여자의 가슴을 보고 성적인 생각이 떠오를 수도 있고, 돈이 없어서 갖고 싶은 물건을 사지 못할 때, 그 물건을 훔치고 싶은 충동을 느낄 수도 있고, 누군가가 죽이고 싶도록 미울 수도 있다.

우리가 어떤 대상과 접했을 때 떠오르는 수많은 생각, 그것이 곧 우리 자신의 모습을 반영하는 것이다. '나(에고)'가 어떤 사람인지를 알 수 있는 좋은 기회다. 때문에 마음속에 어떤 생각이 떠오를 때마다 자신의 마음을 잘 관조하여 자기가 어떤 사람인지를 발견하라.

또 우리의 마음속에는 대상이 없을 때도 수많은 생각들이 떠돌아다닌다. 욕망과 관계되는 것도 있고, 우리의 무의식에 억눌려 있던 것일 수도 있고, 아무런 이유도 없는 것도 있다. 그럴 때도 자신의 마음속을 잘 관조하라. 그리고 자신이 어떤 사람인지를 발견하는 기회로 삼으라.

자기 잣대는 비난과 자책과 억압을 낳는다

우리가 평생 해야 할 일이 있다면 바로 자기 자신을 발견해 가는 일일 것이다. '너 자신을 알라!'라는 말은 금언 중의 금언이다. 자신을 이해해야 남도 이해할 수 있기 때문이다.

대체로 자신이 하기 싫어하는 것은 남도 하기 싫어하고, 자신이 하고 싶어 하는 것은 남들도 하고 싶어 한다. 여러분이 친구의 이사를 도와줬는데, 별다른 대접을 못 받아서 매우 섭섭했다면, 여러분이 이사를 갈 때는 당시의 여러분의 마음을 미루어 이사를 도와준 친구들에게 아주 기분 좋게 대접을 해줄 수 있는 것이다.

그런데 문제는, 많은 사람들이 자신의 마음속에 떠오르는 생각들을 자신의 일부분으로 인정하고 받아들이면 좋은데 대부분 그렇지 못하다는 사실이다.

그러니까 대부분의 사람들은 자신의 생각들에 대해 자기 나름의 판단 기준을 가지고 자꾸 판단을 내린다는 것이다. 자신이 자라오면서 받아들인 수많은 도덕관념이나, 관습이나 종교적 교리 같은 것을 잣대로 삼아 그 잣대에 어긋나는 생각을 하면 거기에 대해 비난하거나 자책하거나 억압을 한다는 것이다.

자신의 어머니를 보고도 성적인 매력을 느낄 수 있다. 그럴 때 '그런 생각은 나쁜 것이야!' 하고 비난하거나 억압하지 말라는 것이다. 그냥 자신 속에 '성적 욕망이 자리 잡고 있구나!' 하고 이해만 하면 된다.

사실 바다 속에는 수많은 사물들과 생명체들이 존재하고 있다. 그러나 바다는 그 어떤 것도 비난하거나 거부하지 않는다. 그 모든 것을 다 합쳐서 바다이기 때문이다. 그 모든 것이 자신의 일부이기 때문이다. 그 모든 것이 곧 자기 자신이기 때문이다.

우리 사람도 이와 마찬가지다. 마음속에 어떤 생각이 흘러 다닌다 하더라도 거기에 대해 결코 어떤 판단도, 어떤 비난도 하지 말라. 그냥 그 모든 생각을 자신의 친한 친구처럼 받아들이고 이해하라. 그것이 바로 자신을 진정으로 사랑하는 길이다.

그런데 이상한 것은, 우리는 사람들한테 말하기를, 남을 비난하거나 심판하거나 하지 말라고 하면서도 진작 자기 자신에 대해서는 마구 비난하고 심판하는 경우가 많다. 이 세상에서 제일 소중한 것이 자기 자신인데도 말이다.

그리고 역설적이게도 자기 자신을 비난하고 심판하는 사람들이 남에게도 그렇게 한다는 사실이다. 그럴 수밖에 없는 게, 자기 자신을 사랑하지 못하는데 어떻게 남을 사랑할 수 있겠는가.

우리의 경험의 집합체인 '나'는 우리 마음속에서 거의

독재자 노릇을 하고 있다. 자신이 주인이 되어 자신을 비난하고 심판하고 있다. 얼마나 우스운 일인가. 코미디가 따로 없다. '나'에서 비롯된 생각을 '나'가 다시 비난하고 심판하고 있으니, 결국 자신이 자신을 비난하고 심판하는 셈이 되는 것이다.

비난에서 벗어나려면 자신의 욕망이나 생각을 있는 그대로 수용하라

심리학에서는 자아(에고)와 초자아(슈퍼에고 : 선악을 판단하고 양심의 기능을 영위하는 부분)로 나누어 말하고 있지만, 결국 그 둘은 같은 것이다. 언어상으로는 나눌 수 있지만 실제로는 나눌 수 없는 것이다. 같은 '나'에 지나지 않는다. 언뜻 보면 자기 자신이 발전하고 개선되는 듯한 느낌이 들지만, 그것은 착각일 뿐이다.

예를 들어, 여러분이 자신의 어머니나 아버지를 보고 성적 욕망을 느꼈다고 하자. 그럴 때 더 높은 데 있는 '나(슈퍼에고)'가 낮은 데 있는 '나(에고)'를 심판한다.

'그런 생각은 나빠!'

그러면서 여러분은 죄책감 같은 것을 느낀다. 그러면 자신은 매우 도덕적인 사람으로 변한 듯하다. 그러나 그것은 착각일 뿐이다. 잠시 무의식 속으로 억압되어 들어갔을 뿐이다. 언제든 그 욕망은 다시 일어날 기회를 노린다. 그 생각은 더욱 기승을 부린다. 여러분은 더욱 그 생각에 얽매인다. 그것은 결코 발전이나 개선이 아니다. 그 마음의 장난에 놀아나지 말라!

'나'의 독을 피하려면 '나'가 자신을 비난하려고 할 때, 그 즉시 그것을 관조하여 자각하라. 그러면 감정으로까지 진전되지 않고 그 즉시 멈춰 버린다. 뱀이 물려고 할 때, 그 즉시 뱀의 목을 비틀면 뱀의 독으로부터 자유로울 수 있듯이.

여러분이 진정으로 그 생각(비난)에서 벗어나기 위해서는 여러분의 본질인 '생명(사랑)'이 주인이 되어 자신의 그런 '욕망이나 생각(나)'을 자신의 일부분으로 인정하고 수용해야 한다.

그러면 여러분의 마음속에 있는 부정적인 요소 – 비열함, 어리석음, 질투심, 수치심, 바보 같음, 무책임함, 의리 없음, 탐욕스러움, 폭력성, 덤벙댐, 용기 없음, 우유부단함,

열등감 - 들이 전부 사랑으로 변형된다. 부정적인 요소들 조차도 그 근본은 생명(사랑) 에너지이기 때문이다. 파도 가 원래 바다이듯이. 그것이 진정으로 자신을 사랑하는 길 이다.

사랑만이 여러분을 변화시킬 수 있다. 여러분 마음속의 '나(에고)'는 비난하지만, 여러분의 '생명(사랑)'은 모든 것을 수용하고 사랑한다는 사실을 결코 잊지 말라.

셀프힐링 포인트

자신에 대한 비난에서 벗어나기 위해서는 '생명(사랑)'이 주인이 되어 자신의 '욕망이나 생각(나)'을 자신의 일부분으로 인정하고 수용해야 한다.

그러면 자신의 마음속에 있는 부정적인 요소 - 비열함, 어리석음, 질투심, 수치심, 바보 같음, 무책임함, 의리 없음, 탐욕스러움, 폭력성, 덤벙댐, 용기 없음, 우유부단함, 열등감 - 들이 전부 사랑으로 변형된다. 부정적인 요소들조차도 그 근본은 생명(사랑) 에너지이기 때문이다. 그것이 진정으로 자신을 사랑하는 길이다.

비난의 치유 2

비난에는 동정도 사랑도 없다. 대상에 대한 미움만이 존재한다.
그리고 그런 비난을 하는 당사자는
비난당하는 대상보다 우위에 서기 때문에 항상 우월감을 느끼게 된다.
그것이 바로 '나(에고)'가 자신을 유지해 가는 미묘한 방법이다.

패션 디자이너인 그녀는 한 성공한 남자와 사귀게 되었다. 그 남자는 매우 부유한 가정에서 태어났고, 사업이 잘돼 하루아침에 큰 성공을 거두게 되었다. 그는 일을 열심히 할 필요가 없었기 때문에 매우 게을렀다.

그녀가 그를 처음 만났을 때 그녀는 그를 매우 존경했다. 그러나 그의 게으름을 알고 나서는 그가 싫어지기 시작했다.

하루는 그녀가 서재에서 열심히 일하고 있는데, 그는 거실에서 텔레비전을 보고 있었다. 그녀는 그만 화를 버럭 내버렸다.

"어떻게 매일 그렇게 빈둥거릴 수 있어요?"

그가 말했다.

"난 일을 열심히 할 필요가 없어. 내 돈이 내 대신 일을 해주고 있으니까 말이야."

그 말에 그녀는 더욱 화가 났다. 그래서 그녀는 결국 그와 헤어졌다.

사실 그녀의 마음속에서도 아무 것도 하지 않으면서 빈둥거리고 싶은 생각이 자리 잡고 있었다. 또 누군가가 자신을 돌봐 주면 좋겠다는 생각, 그저 재미있게 놀고 싶은 생각도 자리 잡고 있었다.

그러나 그녀는 언제나 목표를 위해 열심히 일하는 자신에 대해 자부심을 느끼고 있었기 때문에, 그런 생각이 떠오르면 그것을 비난하면서 억눌러 버렸다.

그런데 그 남자가 나타나서 그녀 자신이 비난하고 있었던 부분을 그대로 드러내자 그녀는 화가 났던 것이다. 그것은 사실 그녀 마음 안의 게으름에 대한 분노였다. 그녀는 상대라는 거울에 비친 자신의 모습을 보고 화를 내고 있었던 것이다.

내 동료 직원은 사람들이 대낮에 누워서 낮잠 자는 사람들을 보면 늘 이런 생각을 했다.

'저 사람들은 왜 밤도 아닌 대낮에 저렇게 누워서 낮잠을 자는지 모르겠어!'

그는 누워서 낮잠을 자는 사람들을 볼 때마다 그런 생각을 했다. 그것은 거의 자신도 모르게 나오는 비난이었다.

그러던 어느 날 문득, 그는 자신이 왜 그런 생각을 갖게 되었는지 알았다. 그것은 바로 그 자신이 가지고 있는 고정 관념 때문이었다.

그는 생활에 있어서 어떤 원칙을 가지고 있었다. 그 중의 하나는 이렇다.

'나는 낮에는 절대로 눕지 않는다!'

그래서 그 자신이 만약 낮잠을 누워서 자는 일이 있을 경우에 그 스스로 그런 자신을 용서하지 못했다. 때문에 남들에 대해서도 용서할 수 없었던 것이다.

친구의 애인은 남자와 여자가 성적인 행위를 하는 것을 볼 때마다 매우 불결하다는 생각을 하면서 그들을 비난했다.

"짐승들같이 뭐 하고 있는 거야!"

그녀는 고아로 자라면서 어릴 때부터 주변의 남자들로부터 성적인 학대를 받아왔다. 때문에 그녀 스스로 자신이 남자와 함께 자는 것조차도 용납하지 못했다. 그런 태도가 남들에게도 그대로 나타났던 것이다.

내 친구는 남들이 모여서 비디오를 보고 있는 것을 보면 늘 이렇게 비난했다.

"한심한 사람들! 그렇게 할 일이 없나? 아까운 인생을 비디오 보는 데 소비하고 있다니!"

그는 평소에 자신이 비디오를 보고 싶은 욕망이 일어나도 그 스스로, 비디오를 보는 건 아까운 인생을 낭비하는 일이라고 생각하면서 자제하곤 했다. 어쩌다가 우연히, 정말 우연히, 너무나 재미있어서 비디오를 보게 된 경우에는 다 보고 나서 자신에게 이렇게 중얼거렸다.

"아이, 아까운 시간 낭비했네. 보지 말았어야 하는데. 난 왜 이러지?"

그는 그런 자신을 스스로 용납하지 못했다.

우리가 남들을 용납하지 못하거나 비난하게 되는 것은

우리 스스로가 자신의 마음속에서 용납하지 못하거나 비난하는 것들이 있기 때문이다. 그것은 우리 스스로가 살아오면서 만든 것이다. 그것도 일종의 경험에서 비롯된 것이다.

두 남자의 경우는 자신의 고정 관념이나 원칙에서, 고아였던 그녀의 경우는 자신의 과거의 경험에서, 패션 디자이너였던 그녀는 자신의 엄격한 생활 원칙에서 연유되었다. 그것이 곧 '나(에고)'다. 그 '나'가 비난의 주범이다.

비난은 '나(에고)'를 더욱 강하게 만든다

그런데 중요한 것은, 이런 비난은 우리의 정신적인 성장이나 행복에 결코 아무런 도움을 주지 못한다는 사실이다. 자신에 대한 비난은 자신을 사랑할 수 없게 만들고, 타인에 대한 비난은 타인을 미워하게 한다.

나아가 그런 비난은 '나'를 더욱 강하게 만들 뿐이다. 그렇게 되면 우리의 본질인 생명(사랑, 조화, 자유, 진리)과는 더욱 거리가 멀어지게 된다.

비난에는 동정도 사랑도 없다. 대상에 대한 미움만이 존재한다. 그리고 그런 비난을 하는 당사자는 비난당하는 대상보다 우위에 서기 때문에 항상 우월감을 느끼게 된다. 그것이 바로 '나(에고)'가 자신을 유지해 가는 미묘한 방법이다.

자신도 모르는 그런 우월감을 가지고 살아가는 사람이 어쩌다가 남으로부터 비난을 받게 되면 정말이지 아이러니컬하게도 그 분노를 주체하지 못한다. 자신 속의 '나'에 자신이 도리어 고통을 받는다. 그럴 때 우리는 이렇게 말한다.

"자업자득이지 뭐!"

그래서 우리는 남들을 비난하게 될 때 자신의 마음속을 빨리 들여다보아야 한다. 자신이 그와 같은 상황에서 자신에게도 똑같은 비난을 하는지. 아마 십중팔구는 그럴 것이다.

그것은 자신이 갖고 있는 어떤 고정관념이나 과거의 경험, 곧 '나' 때문이다. 그것을 빨리 자각하고 그로 인한 장애로부터 즉시 탈출하라!

'나'라는 구름이 사라진 곳에 우리의 본질인 '생명'은 맑은 가을 하늘처럼 그냥 그 자리에 원래부터 덩그러니 존재하고 있었음을 알게 될 것이다. 그것이 곧 사랑이다.

셀프힐링 포인트

다른 사람을 비난하게 될 때 자신의 마음속을 빨리 들여다보라. 자신이 그와 같은 상황에서 자신에게도 똑같은 비난을 하는지. 아마 십중팔구는 그럴 것이다. 그것은 자신이 갖고 있는 어떤 고정 관념이나 과거의 경험, 곧 '나'에게 때문이다. 그것을 빨리 자각하고 그로 인한 장애로부터 즉시 탈출하라. 그리고 자신이 비난하고 있는 자신의 속성을 '있는 그대로' 받아들이고 사랑하라.

제3부

The Self healing through understanding

이해를 통한 치유

현상의
이해를 통한 치유 │1

이 세상에는 수많은 현상들이 존재하고 있다. 그런데 중요한 것은, 그 현상들에 의해 우리가 영향 받을 수 있다는 사실이다. 그러니까 현상들에 대해 잘못 이해하게 되면 스스로가 고통을 겪을 수 있다는 것이다.

때문에 우리는 세상에 존재하는 갖가지 현상들에 대해 바르게 이해할 필요가 있다. 그 이해는 우리를 좀 더 포용력 있고 사랑이 많은 사람으로 만들어 줄 것이다.

자신을 사랑한다는 것에 대한 이해

자신을 진정으로 사랑하는 사람은
내면적으로나 외면적으로 자신에게 상처를 주지 않고,
자신으로 하여금 사랑과 풍요로움과 자유를
누릴 수 있게끔 하는 사람이다.

"당신은 당신 자신을 진정으로 사랑하십니까?"

이렇게 물으면 대부분의 사람들은 쉽게 대답을 못 한다.
아니, 차라리 자신을 사랑한다는 말의 의미를 명확히 모르
기 때문이라고 하는 게 타당할 것이다.

대체 '자신을 사랑한다'는 말의 진정한 의미는 무엇일
까? 우리가 이 개념을 분명히 이해한다면 좀 더 자신을 사
랑할 수 있을 텐데 말이다.

우리는 보통 '자신을 사랑한다'는 말을 '자기가 하고 싶
은 대로 한다'라고 이해하기 쉽다. 그러나 자기 하고 싶은
대로 하면서 사는 삶(생명의 갈망을 따르는 삶이 아니라, '나'의

욕심에만 치우치는 삶)은 주변과의 갈등과 불화를 초래하기 십상이다. 그렇게 되면 그 사람의 삶은 세상과 유리되고, 결국은 주위 사람들로부터 사랑 받을 수 없게 되며, 풍요로운 삶도 누릴 수 없게 된다. 그것은 자신을 사랑하는 게 아니다.

그래서 자신을 진정으로 사랑하는 사람은 내면적으로나 외면적으로 자신에게 상처를 주지 않고, 자신으로 하여금 사랑과 풍요로움과 자유를 누릴 수 있게끔 하는 사람이다.

자신의 마음을 아프게 하는 것은 자신을 사랑하는 게 아니다

누가 자신에게 욕을 했을 때, 마음이 분노에 휩싸여 자신도 모르게 상대를 주먹으로 때려서 이가 왕창 빠져버렸다면, 그래서 결국 경찰서에 왔다 갔다 하면서 조서를 쓰고 합의하고 치료비를 물어내지 않으면 안 되었다면? 잠시 그의 인생은 얽힌 실타래처럼 혼란스러워질 것이다.

그렇다면 자기 마음이 하고 싶은 대로 한 게 자신을 진정 사랑한 것인가? 그것은 오히려 자신의 마음을 고통스럽게 하고, 자신의 생활을 뒤죽박죽으로 만들어 버린 게 아닐까? 대체 어느 쪽이 자신을 더 사랑하는 행위일까?

욕은 말이다. 그것도 여기서는 한국말이다. 앞에서도 말했듯이, 한국말을 알고 있는 그 과거의 경험의 집합체인 '나'가 욕을 듣는 즉시 해석하여 욕이라는 것을 판별하고, 그 순간 감정이 일어나면서 분노를 일으키게 되는 것이다 (만약 한국말을 모른다면 분노가 일어날 리가 없다). 그것은 너무나 순간적으로 일어나는 일이라 통제하기가 매우 어렵다.

여기서도 우리는 '나'의 지배를 받고 있는 셈이다. 우리가 자신의 본질을 모르면 언제든 이와 같은 상황에 노출될 수 있다.

친구의 아내가 어느 날 2백만 원을 잃어 버렸다. 아끼고 아껴서 모은 돈이라 마음의 고통은 이만저만이 아니었다. 며칠 동안 온통 그 생각에 마음이 편치 못했다. 그래서 남편에게도, 아이들에게도 괜히 신경질을 내면서 주변을 불편하게 했다.

그것은 자신을 사랑하는 행위가 아니다. 그녀가 진정으로 자신을 사랑한다면 돈에 집착하여 괴로워하고 있는 자신의 마음을 관조하여 '아, 이건 돈이 뭔지 경험하여 알고 있는 나의 과거의 경험의 집합체인 '나'가 괴로워하는 것이야! 이건 나의 본질이 아니야! 내가 지금 즉시 기억(과거)을 상실한다면 괴로워할 이유가 전혀 없잖아?' 하면서 빨리 그 괴로움에서 벗어나서 순수 현재인 생명으로 되돌아와야 한다. 원래의 고요하고 평화로운 마음을 되찾아야 한다.

그것이 그녀가 진정으로 자신을 사랑하는 길이다. 물론 돈은 잃어버리지 않는 게 최상이겠지만.

그러니까 자신의 마음을 아프게 하는 것은 자신을 사랑하는 게 아닌 것이다.

나는 그녀와 사랑에 빠졌다. 그건 나 자신이 무척 바라는 바였다. 그러나 시간이 흐를수록 사랑의 기쁨보다는 사랑의 고통이 더 커져만 갔다.

'혹시 그녀가 어느 날 갑자기 내 곁을 훌쩍 떠나지나 않을까?'

'오늘은 왜 그녀한테서 전화가 안 올까? 내가 싫어진 게 아닐까?'

'아니, 그녀가 다른 남자랑 같이 가잖아! 아, 이 질투심!'

'바캉스를 같이 가자는데 왜 자기 친구들하고 가는 거야?'

이 이루 말할 수 없는 마음의 불안, 초조, 갈등, 번뇌! 이건 대체 뭐란 말인가? 나 자신은 결코 그런 상태를 원한 건 아니었는데, 나의 마음은 하루도 편할 날이 없었다.

그렇다면 나는 나 자신을 과연 사랑하고 있는 것일까? 자신의 마음을 갖가지 고통과 혼란으로 몰아넣는 게 과연 자신을 사랑하는 것일까? 그것은 결코 자신을 사랑하지 않는 것이다.

내가 자신을 진정으로 사랑한다면 자신의 마음을 항상 평온함과 사랑으로 채워야 한다. 그러기 위해서는 내 마음 속의 '나(에고)'가 일으키고 있는 온갖 욕망과 두려움을 스스로 관조하며 인내해야만 한다. 나는 지금 스스로가 외롭기 때문에 내 마음의 빈자리를 여자로 채우려 하고 있는 것이다.

물론 태어날 때부터 완벽한 사람은 별로 없다. 자라면서 숱한 고난과 시련, 마음의 고통을 체험해 가면서 자신을 성숙시켜 가는 것이 우리 모두의 모습이라고 할 수 있을 것이다. '나'로 인한 고뇌를 거쳐서 생명(사랑)을 발견해 가는 것이 순리일 것이다.

다만 여기서는 '자신을 사랑한다'는 말의 진정한 의미를 설명하려고 하는 것뿐이다.

자신의 단점을 고치지 않는 것은 자신을 사랑하는 게 아니다

친구의 조카는 학교에서 늘 '왕따'를 당한다. 때문에 그는 학교 다니기도 싫고 인생을 더 이상 살고 싶은 마음이 없어져서 자살할 생각을 문득 문득 하고 있다. 그런데 알고 보면 그가 친구들로부터 그렇게 '왕따'를 당하는 건 그만한 이유가 있었다.

그는 도시락도 자기 혼자서 먹고, 재미있는 책이 있어도 친구들에게 잘 보여 주지도 않고, 수업 시간에는 자기 혼자다 아는 척하고, 아무튼 친구들에게 미운 짓만 골라서 했다.

그러면 여기서, 그는 과연 자신을 사랑하고 있는 것일까? 그는 자신이 하고 싶은 대로 살고 있다. 그런데 그 결과는 친구들로부터의 따돌림이다.

그는 친구들로부터 '왕따' 당하는 것을 무시해 보려고 했으나 자신의 마음의 불편함은 어쩔 수 없었다. 그것은 자신을 진정으로 사랑하는 게 아니다.

그가 진정으로 자신을 사랑한다면 지금까지의 자신의 행동을 되돌아보고 자신의 잘못된 점을 고쳐 나가야 한다. 주변과 조화를 이루어야 한다. 물론 잘못이 없는데도 친구들로부터 '왕따'를 당한다면 그것은 그들의 질투심이나 열등감에서 비롯된 것이기 때문에 거기에 크게 괴로워하거나 신경 쓸 것은 없다.

그러나 그는 어린 시절부터 가정에서부터 외동아들로 혼자 커왔고, 부모로부터 올바른 지도를 받으면서 크지 못했기 때문에 그의 마음속에는 그런 식의 삶이 당연한 것으로 습관화되어 있었다. 그것이 그 자신 속의 '나'에 깊이 뿌리 박혀 있는 것이다. 그런 과거의 습관화된 행동이 '왕따'라는 결과를 초래한 셈이다.

입사한 지 얼마 안 되는 샐러리맨 A는 술을 무척이나 좋아하고, 또 거의 매일 저녁 친구들과 모여 당구를 치거나 포커를 하느라 회사에 지각하는 일이 다반사였다. 그리고 회사에 가서도 최소한의 할 일만 하고 나머지 시간에는 자신이 하고 싶은 일만 했다.

남이 안 보는 곳에서 잠자기, 개인적인 용도로 많은 분량의 서류를 복사하기, 애인과의 약속을 위해 회사 전체 모임에 몰래 빠지기, 커피 혼자 마시기, 퇴근 시간 전에 눈치 보며 빠져나가기, 동료의 도움 요청에 늘 바쁘다며 거절하기 등등.

이러다 보니 회사 내에서 그를 좋아하는 사람은 아무도 없게 되었다. 많은 사람들이 그의 이런 태도에 대해 충고했으나 전혀 태도의 변화를 보이지 않았다. 얼마 후 그는 결국 회사에서 쫓겨나게 되었다.

그는 자신의 마음을 위하고 자신의 마음이 바라는 일을 했지만, 그리하여 자신의 마음은 만족했지만 그 결과는 해고였다.

이게 과연 자신을 사랑한 행위일까? 모든 사람으로부터

손가락질을 당하고, 미움을 받고, 일자리를 잃어 월 10만 원짜리 숙소를 전전하면서 라면조차 끓여 먹을 돈이 없게 되었다면 그것은 결코 자신을 진정으로 사랑한 것이라고 말할 수 없을 것이다.

사람은 누구나 단점이라는 것을 가지고 있다. 그런 단점들 중에는 사회생활을 해 나가는 데 있어 매우 치명적인 게 있고, 그렇지 않은 게 있다. 자신이 만약 치명적인 단점을 가지고 있다면 그는 틀림없이 주변으로부터 소외당하거나, 사랑을 받지 못하거나, 승진을 하지 못하거나, 만족스러운 삶을 살고 있지 못할 것이다.

거지들을 보라! 그들이 과연 자신을 사랑하고 있는 것 같은가? 되는 대로 사는 것, 자신을 좀 더 나은 존재로 만들기 위해서 노력하지 않는 것, 그것은 자신의 삶을 외롭고 가난하고 비참하게 만드는 지름길이다. 그것은 진정으로 자신을 사랑하는 게 아니다.

자신을 진정으로 사랑하는 사람은 인내와 성실로 자신의 단점을 고쳐 나가고, 자신의 발전을 위해 끊임없이 노력하고, 좀 더 조화롭고 완전한 인간이 되기 위해 자신의 인격을 갈고 다듬는다. 자신 속의 '나(에고)'를 직시하고 그 구속으로부터 자신을 해방시킨다.

요컨대, 사람이 자신의 단점을 고쳐 나가지 않는 것은 자신의 인생을 사랑하지 않기 때문이다.

우리가 '나'로 사는 한, 우리는 외부 세계와 끊임없이 부딪힐 수밖에 없고, 그 부딪힘은 자신의 마음에 계속 상처를 입힌다.

또 끝없이 편하고자 하고 자신을 유지하기 위해 욕망적으로 움직이는 '나'에 따르는 삶은 주변과의 조화를 이루지 못하여 결국 남들로부터 사랑 받지 못하는 결과를 가져온다. 그런 삶은 행복할 수가 없다. 행복은 사람들 속에 있으며, 사람들에게 사랑을 주고 사람들로부터 사랑을 받을 때 가능하기 때문이다.

의존은 집착을 낳고, 집착은 고통을 낳는다

우리의 본질인 생명은 원래 텅 빈 허공과 같은 에너지 자체이기 때문에 '나(에고)'는 그런 자신의 참모습과 직면하기를 두려워한다. 때문에 '나'는 자신의 마음속에 가능한 한 많은 것들을 채워 넣음으로써 그 공허함에서 도피하고자 한다.

'나'는 많은 것을 가질수록 자신이 뭔가 된 듯한 착각을 하며, 그 속에서 만족감을 느낀다. 바로 여기에서 인간의 고통은 시작된다. 만족감을 주는 대상에 대한 의존, 그것이 곧 집착이요, 그 집착이 곧 고통이 된다.

원래 우리의 본질인 생명은 그 자체가 사랑이요, 자유요, 조화요, 진리다. 그러나 그것은 텅 비어 있는 에너지 상태이기 때문에 '나'의 입장에서는 어쩌면 공허함으로 느껴지는 것도 당연하다. 그 공허함과의 직면을 두려워하는 '나'는 그로부터 도피할 수밖에 없다. 자신이 아무 것도 아닌 존재로 느껴지기 때문이다.

그리하여 수많은 것들과 관계를 맺고, 수많은 것들을 텅 빈 마음속에 채워 넣고 그에 의존한다. 에리히 프롬은 이런 상태를 '자유로부터의 도피'라고 했다.

자유롭기 위해서는 모든 것에 대한 의존으로부터 벗어나서 홀로 오롯이 설 수 있어야 하는데, '나'의 입장에서는 그것은 죽음과 같은 상태이기 때문에 너무나 두렵게 느껴진다. 때문에 사람들은 자유를 포기하고 의존을 택하는 것이다. 의존은 집착을 낳고, 집착은 고통을 낳는다는 것을 알면서도.

앞에서 언급한, 사랑에 빠진 내가 그녀를 잃을까봐 두려워하는 것도 그 원인은 바로 '나'에 있으며, 질투심을 느끼는 것도, 원망하는 것도, 초조해하는 것도 그 원인은 다 '나'에 있다. '나'가 자신의 빈자리를 여자라는 대상으로 채워 자신을 유지하려고 하는데 그게 잘 안 되니까 그런 증세를 보이는 것이다.

결국 나 자신의 마음을 고통 속으로 몰아넣는 것은 결코 자신을 사랑하는 행위가 아닌 것이다.

자신을 사랑하는 데는 용기가 필요하다

자신을 사랑한다는 일은 상당한 용기를 필요로 한다. 자신이 어떤 것에 의존해 있는 동안은 불가피하게 그 대상에 구속당하기 마련인데, 그런 구속이 자신의 생명에 끊임없이 고통을 가할 때, 여러분의 무의식에서는 그런 구속에서

벗어나라고 진실을 외쳐대는데도, 의존된 상태에서 벗어
나면 어떻게 살아갈까 하는 두려움 때문에, 고통을 당하면
서도 그 대상과 함께 살아가는 경우가 많다. 그럴 때 진정
한 용기가 필요하다.

만약 여러분이 싫어하는 일인데도 먹고살기 위해서 어
쩔 수 없이 그 일을 계속 해나간다면 여러분은 자기 자신
을 진정으로 사랑하는 것이 아니다. 자신의 생명의 갈망에
귀 기울여 그 진실의 소리를 들으라. 거기에 여러분이 진
정으로 좋아하는 일이 숨어 있다. 그 일을 빨리 찾으라. 그
것이 바로 자기 자신을 진정으로 사랑하는 길이다.

그러기 위해서는 용기가 필요하다. 그 일을 그만두고 진
정으로 좋아하는 일을 찾아 나서야 한다. 아니면, 좋아하
는 일을 하게 되기까지 싫어하는 일에 최선을 다하면서 서
서히 바꿔나가도 된다. 그것은 3년이 걸릴 수도, 5년이 걸
릴 수도 있다. 때문에 너무 서두르지 말라. 두려워하지도
말라.

우리의 생명은 자신을 사랑해 주는 사람에게는 항상 나
아갈 길을 인도해준다. 결코 용기와 희망을 잃지 말라. 생
명은 전지전능하므로 오로지 생명만을 믿고 생명이 원하

는 길을 가라.

그 길은 자유의 길이다. 구속과 억압의 길은 생명이 원하는 길이 아니다. 거기에는 결코 행복이 없다. 그것은 결코 자신을 사랑하는 것이 아니다.

셀프힐링 포인트

자신을 진정으로 사랑한다면 자신의 마음을 항상 평온함과 사랑으로 채워야 한다. 그러기 위해서는 자신의 마음속의 '나(에고)'가 일으키고 있는 온갖 욕망과 두려움을 스스로 관조하며 인내해야만 한다.

자신이 어떤 것에 의존해 있는 동안은 불가피하게 그 대상에 구속당하기 마련인데, 그런 구속이 자신의 생명에 끊임없이 고통을 가할 때, 자신이 의존하고 집착하고 있는 대상으로부터 과감하게 벗어나라. 우리의 생명은 자신을 사랑해 주는 사람에게는 항상 나아갈 길을 인도해준다. 그러니 결코 용기와 희망을 잃지 말라.

희생에 대한 이해

만약에 여러분이 어떤 일을 하는데, 그것이 희생이라고 생각되면
그것은 자신이 진정으로 사랑하는 일이 아니기 때문이다.
그런 경우 자신에게 아무런 보상이 돌아오지 않게 되면 자기도 모르게
혐오감과 박탈감과 분노를 갖게 될 것이다.

희생, 이것은 우리가 진정한 사랑을 얘기하는 데 있어서 결코 빼놓을 수 없는 문제다. 진정한 사랑에는 희생이 따른다고 했는데, 그렇다면 과연 무엇이 진정한 희생일까?

우리가 누군가를 사랑하게 되면 그 사람을 기쁘게 해주고 싶다. 그렇지 않으면 그것은 사랑이 아니다. 그저 자기 좋음에 지나지 않는다.

어떤 착하고 순진한 여자가 있었다. 그녀의 애인은 매우 가난했다. 그녀의 애인은 공부를 아주 잘했다. 그녀는 그를 밀어주고 싶었다. 그녀는 그를 자신의 훌륭한 소유물로 만들고 싶었다.

그래서 그녀는 술집에 나가서 돈을 벌었다. 그녀는 애인의 용돈이나 학비를 비롯하여, 모든 비용을 대주었다. 그렇게 하여 드디어 그녀의 애인은 대학을 무사히 졸업하여 대기업에 우수한 성적으로 들어가게 되었다.

그러나 언제부턴가 그녀의 애인은 그녀로부터 멀어져가기 시작했다. 결국 그는 그녀에게 이별을 고하고 다른 여자에게로 가버렸다. 그녀가 그토록 희생하여 그를 키워주었건만 돌아온 대가는 쓰라린 고통뿐이었다.

왜 이런 비극이 생기게 되었을까? 그것은 그녀의 지나친 집착 때문이었다. 집착은 상대를 구속한다. 그녀의 애인은 말은 안 하지만, 그녀의 지나친 집착으로 인해 자신의 생명(자유)이 구속당함을 은연중에 느끼고 그런 구속에서 벗어나고 싶었던 것이다.

게다가 그녀가 자신에게 너무나 집착하고 있었으므로 그들 사이에는 아무런 긴장이나 활기가 없었다. 진정한 사랑이란, 독립된 두 존재가 자유로운 상황에서 긴장과 활기 속에 늘 싱싱함을 유지하는 것이다. 그녀의 애인은 말 그대로 권태를 느끼게 된 것이다. 이것이 그들의 사랑이 파국에 이른 이유이다.

그러면 진정한 희생은 어떻게 알 수 있을까?

진정한 희생에는 박탈감이나 분노가 따르지 않는다

진정한 희생에는 보람과 기쁨이 따른다. 그 희생은 집착에서 비롯된 것이 아니기 때문에 아무런 고통이 없다. 육체적, 정신적 에너지는 쏟을망정, 그것이 박탈감이나 분노나 자기 혐오감을 자아내지는 않는다. 조건 없는 사랑이기 때문이다. 진정으로 사랑하기 때문에 그 희생은 더 이상 희생이 아니다. 자신이 진정으로 좋아해서 하는 일이므로 아무런 고통이 따르지 않는다.

자신이 고아들을 좋아해서 고아원을 짓고, 그들을 먹이고, 공부시키고, 사회에 나가서 온전한 삶을 살 수 있도록 하는 것 자체가 즐겁기 때문에 하는 희생은 희생이 아니다. 그것은 조건 없는 사랑이기 때문에, 고아들이 자신에게 아무런 보답을 하지 않아도 상관없다. 그 일을 한다는 것 자체가 기쁨이기 때문에 자신에게 돌아오는 것이 아무 것도 없어도 그는 아무런 박탈감이나 분노를 느끼지 않는다.

일찍 남편을 여읜 여자가 자식을 위해 자신의 삶을 온통 희생하는 경우에 이런 박탈감이나 분노를 많이 느낀다. 자식을 위해서 자신을 희생한다고는 하지만 그것은 자신을 속이는 것에 불과하다. 자식을 진정으로 사랑하려면 본인 자신의 인생부터 사랑할 줄 알아야 한다. 그렇지 않았기 때문에 박탈감이나 분노를 느끼게 되는 것이다. 그럴 때 어머니들이 흔히 하는 말이 있다.

"엄마는 평생 너희들을 위해 희생해 왔는데, 너희들이

엄마한테 이럴 수 있니?"

여러분이 남편을 잃었다면 재혼을 해도 상관없고 혼자 살아도 상관없다. 그것은 여러분의 선택이다. 여러분과 자식들 모두가 행복할 수 길을 선택하라. 그것이 곧 중용이요 조화요 사랑이다. 이것이 곧 자신을 진정으로 사랑하는 길이다.

그러나 그렇지 않고 자신만의 행복을 위해 자식들을 다 팽개치고 다른 남자 품에 가 버린다면 그것은 사랑이 아니다. 그것은 오로지 '나'만을 위한 이기적인 행위에 지나지 않는다. 그런 여자는 어디에 가도 가슴 뿌듯한 기쁨과 보람을 느낄 수 없다.

남을 사랑할 수 있는 크기는 자신을 사랑하는 크기에 비례한다

만약에 여러분이 어떤 일을 하는데, 그것이 희생이라고 생각되면 그것은 자신이 진정으로 사랑하는 일이 아니기 때문이다. 그런 경우 자신에게 아무런 보상이 돌아오지 않게 되면 자기도 모르게 자기 혐오감과 박탈감과 분노를 갖게 될 것이다.

때문에 그런 일은 당장 그만 두라! 그리고 자신이 진정으로 좋아하는 일을 하라! 그러면 진정한 희생을 할 수 있게 될 것이다.

우리는 자기 자신을 먼저 사랑할 줄 알아야 한다. 자기 자신을 사랑할 줄 모르면 자신을 희생한답시고 자신이 좋아하지도 않는 일을 하면서 자신을 속이게 된다. 그런 일은 자신에게 고통만을 줄 뿐이다. 그것은 우리의 생명이 진정으로 원하는 게 아니다.

만약 그 일이 우리의 생명이 진정으로 원하는 일이었다면 몸과 정신은 좀 힘들지라도 우리의 속마음은 진정한 기쁨과 보람을 느낄 것이다. 그 기쁨과 보람이 진정한 희생의 증거이다. 그래서 예수도 말했다.

"네 이웃을 네 몸같이 사랑하라."

이웃을 자신보다 더 사랑하지 말고, '네 몸같이' 사랑하라고 했다. 자신을 사랑하듯이 남을 사랑하라고 했다.

결국은 우리가 진정으로 남을 사랑할 수 있는 크기는 자신을 사랑하는 크기에 비례하는 것이다.

그렇게 본다면, 진정한 사랑에 있어서 제일 중요한 것은 자신을 진정으로 사랑하는 것이다. 그리고 자신의 행위가 진정한 사랑인가 아닌가하는 것은 '자신의 생명(무의식)이 진정으로 기쁨과 보람을 느끼는가, 못 느끼는가'로 판별할 수 있다.

셀프힐링 포인트

어떤 일을 하는데, 그것이 희생이라고 생각되면 그것은 자신이 진정으로 사랑하는 일이 아니기 때문이다. 그런 경우, 자신에게 아무런 보상이 돌아오지 않게 되면 자신도 모르게 자기 혐오감과 박탈감과 분노를 갖게 된다. 때문에 그런 일은 당장 그만 두라! 그리고 자신이 진정으로 좋아하는 일을 하라! 그러면 진정한 희생을 할 수 있게 될 것이다.

남자와 여자에 대한 이해

여자냐 남자냐에 따라 우리 자신 속의 '나(에고)'의 작용에도 차이가 있다.
여자는 음성적으로 작용하고, 남자는 양성적으로 작용한다.
때문에 우리가 '나'의 작용을 잘 관조하면서 인내해 가다 보면,
자신 속에 있는 반대적인 속성, 즉 여자는 양성적인 면,
남자는 음성적인 면이 드러나면서 음과 양이 조화를 이루게 된다.

남자와 여자가 싸우면 과연 누가 이길까? 남자? 천만에. 반드시 여자가 이긴다. 주먹으로 눌러놨다고 해서 결코 이긴 게 아니다. 시장에서 싸우면 남자가 먼저 도망간다. 그것은 정말이지 체면 때문이 아니다. 악착같고 끈질긴 그 힘에 있어 남자는 여자의 상대가 안 되기 때문이다.

가정에서도 어떤 의기가 있는 몇몇 남자를 제외하고는, 부부싸움에서 여자를 이기는 남자를 본다는 것은 무척 드문 일이다.

그렇다면 무엇이 그토록 여자를 강하게 만드는 것일까?

그것은 여자 속에 숨겨진 남성 에너지가 분출하기 때문이다.

자신 속의 남성만 날뛰는 여자는 추해진다

주역에서는 여자를 ☷ 으로 나타낸다. 겉은 음(−−)이지만, 속은 양(=)이 두 개다. 곁의 음(−−)만 사라지면 강력한 양 에너지(=)가 분출하게 된다. 그래서 아무리 유순하던 여자라도 오기가 발동해서 음 에너지가 벗겨져 나가면, 막강한 남성으로 변해 버리는 것이다. 싸우거나 춤추거나 욕하거나 흉볼 때, 여자의 양 에너지가 쏟아지기 시작하면 아무도 못 말린다. 도저히 걷잡을 수가 없다. 그 때 어설픈 남자는 접근도 할 수 없다.

여자가 한번 부끄러움(여성)을 잃어버리면 못 하는 게 없다. 30대를 넘기면서 여성 에너지를 잃어버린 여자는 가장 남성적이다. 그 때는 여자에게 염치나 체면 같은 것은 더 이상 없다. 벌거벗은 여자들만이 모일 수 있는 목욕탕에서의 그 무차별적인 음담패설, 거기에는 그 어떤 여성적인 것도 찾아볼 수 없다. 여자 속의 남성인 '아니무스

animus' 만 날뛰는 여자는 이토록 추해진다.

반면 너무 여성적이어서 자기 문을 닫고 안으로만 기어들어가 있는 여자는 '아니무스'를 숨 막히게 함으로써 엉뚱한 발작을 일으키게 된다. 탁 막혀 버린 여성 에너지 앞에서 남자는 숨 막히게 된다. 그녀는 그 어떤 사랑도 베풀지 않고 항상 고독하다.

그러나 자기 자신 속의 남성인 '아니무스'와 조화된 여자는 비로소 음덕을 베풀게 된다. 음덕이란, '아니무스'와 조화된 여자에게서 뿜어져 나오는 향기와도 같아서, 그 향기는 마치 어머니같이 모든 남자를 움직일 수 있는 위대한 힘이기도 하다.

여성 에너지만으로 고착되어 '아니무스'를 질식시켜 버리지 않은 여자, 또한 여성 에너지가 고갈되어 남성으로 굳어버리지 않은 여자는 아름답다. 그런 여자는 덕이 있어서 남자의 사랑을 이끌어낸다. 스스로 싱그러운 에너지 속에서 유연한 탄력성을 갖게 되고, 남에게 생기와 활력을 주는 여자가 된다.

자신 속의 여성만 남게 된 남자는 한심해진다

한편, 남자들은 또 어떤가? 남자들에게 딱 맞는 이상형의 여성이란 없다. 자기 마음에 맞는 여자는 이 지구 끝까지 가서도 찾지 못할 것이다. 설사 찾았다 하더라도 얼마 지나지 않아 자신이 그리던 '여자'가 아니라는 것이 점점 드러나게 되고, 그에게 남는 것은 실망과 허탈뿐이다. 그 것은 그가 그려온 이성은 바깥이 아닌 바로 그 자신 속에 내재하고 있기 때문이다. 남자 속에 내재한 여성, 그것이 곧 '아니마anima'이다.

남자에게는 어머니야말로 '아니마'에 가까웠을 것이다. 남자가 이성을 알기 시작했을 때, 어머니의 아름다움을 가장 가깝게 간직한 여자를 얼마나 찾았던가.

그러나 남자의 '진정하고 영원한 이상의 아내'는 남자 자신 속에 있다. 그 여자를 만나기 전까지 남자의 '여자 찾기'는 끝나지 않을 것이다. 죽음을 맞이하는 최후의 순간까지도.

남자의 신체 속엔 여성의 신체적 특징이 그대로 들어 있다는 것을 생물학자들은 알고 있다. 신체적 특징뿐만 아니라, 심리적으로도 남자는 자신 안에 여성을 간직하고 있다.

그래서 남자가 바람을 피웠을 때 여자는 그것을 수용하기도 하나, 인색하고 야비한 남자는 가장 지독한 질투를 한다. 그 때 여자의 질투는 아무 것도 아니다. 남자는 당장 바람피운 여자를 죽이려고까지 한다. 그 야비하고 인색함, 내 것밖에 모르는 남자의 질투, 그것은 당신의 '아니마'가 저지르는 짓이다.

남자들은 보통 넓고 관대한 척하지만, 남성적인 꺼풀이 조금만 벗겨지면 가장 쩨쩨하고 인색하다. 여자는 그 때 남자에게서 남성이 아니라 가장 지독한 여성을 본다.

남자들이 남성적으로 날뛰다 양성적 힘을 다 써버리면 남자는 가장 나약하고 불쌍한 여자로 전락한다. 60을 넘긴 남자들 가운데 방을 쓸고 닦고 음식을 끓이는 등 온갖 여자 일을 도맡아 하는 궁상맞은 여자 아닌 여자가 얼마나 많은가. 남성적인 힘은 소진되고 여성만 남았기 때문이다.

때문에 남자들은 자신 속에 결코 자신 속의 여성만 남게 해서는 안 된다. 남자들에게 자신 속의 여성만 남게 될 때 남자들은 가장 한심하고 가련해진다. 남자는 꽃밭을 감싸는 굵고 튼튼한 울타리가 되어야 한다.

그러나 또한 자신에게 남성만 남게 해서도 안 된다. 남자에게 남성만 남게 될 때 남자는 난폭해지고 삭막해지고 모든 것을 파괴하려 들고, 마침내는 스스로도 지쳐 쓰러지게 된다. 남자는 자신 안에 내재된 여성과의 조화 속에서만이 나날이 무성해지는 나무처럼 자랄 수 있는 것이다.

남에게 기쁨을 주고 스스로 성공하는 남자에게서 우리는 두 에너지의 조화를 본다. 그것은 마치 음과 양의 두 극단이 하나의 원 안에서 조화를 이루는 태극과도 같은 모습이다.

'나'의 작용을 인내하다 보면 진정한 개성이 꽃피어난다

그렇다면 우리는 과연 자신 안의 '아니무스'나 '아니마'와 어떻게 조화를 이룰 수 있을까? 그것은 '나(에고)'의 욕망을 희생하는 것이다.

여자냐 남자냐에 따라 우리 자신 속의 '나'의 작용에도 차이가 있다. 여자는 음성적으로 작용하고, 남자는 양성적으로 작용한다. 때문에 우리가 '나'의 작용을 잘 관조하면서 인내해 가다 보면, 자신 속에 있는 반대적인 속성, 즉 여자는 양성적인 면, 남자는 음성적인 면이 드러나면서 음과 양이 조화를 이루게 된다.

다시 말하면, 우리가 우리 마음속의 '나(에고)'의 작용을 관조하면서 인내하다 보면 무의식이 의식과 서서히 통합되게 된다. 그러면 우리 각자의 무의식 속에 숨어 있던 '아니무스'와 '아니마'가 드러나게 된다. 진정한 개성, 전체성이 꽃피어나는 것이다.

개성(individuality)이라는 말은 'dividual(나눌 수 있는)'에 'in'이 붙어서 된 'individual(나눌 수 없는)'의 명사형이다. 그것은 곧 '더 이상 분리될 수 없는 하나'라는 뜻이다.

생명(사랑)과 하나 된 사람은 자신 안의 여성과 남성을 찾았기 때문에 그에게는 더 이상 사랑의 갈증이 없다. 자신 안의 사랑과 하나가 되었기 때문이다.

그는 남자면서 동시에 여자다. 양성을 겸비하고 있다. 때로는 여성처럼 부드럽고, 때로는 남성처럼 거칠다. 화를 낼 때는 불같이 화를 내고, 얌전할 때는 또 한없이 얌전하다. 때로는 눈물도 흘리고, 때로는 무섭기도 하다. 그에게는 특정한 이미지가 없다. 그는 상황에 따라 변하기 때문이다.

이렇게 볼 때 우리는 결국 사랑(생명)을 터득하지 않으면 안 된다. 궁극적으로 그 길만이 우리가 진정한 행복으로 갈 수 있는 지름길이기 때문이다.

셀프힐링 포인트

사랑(생명)과 하나가 되려면, '나(에고)'의 작용을 잘 관조하면서 인내해 가야 한다. 그러다 보면, 자신 속에 있는 반대적인 속성, 즉 여자는 양성적인 면, 남자는 음성적인 면이 드러나면서 음과 양이 조화를 이루게 된다. 다시 말하면, 의식과 무의식이 서서히 통합되게 된다. 그러면 우리 각자의 무의식 속에 숨어 있던 '아니무스'와 '아니마'가 드러나, 진정한 개성, 전체성이 꽃피어난다.

영생에 대한 이해

우리가 우리의 본질인 생명(사랑)과 하나가 되려면,
마치 우주선이 지구의 중력권을 벗어나야 우주로 날아갈 수 있듯이,
'나(에고)' 라는 인력권을 벗어나지 않으면 안 된다.

많은 사람들은 죽으면 모든 것이 끝난다고 생각하고 있다. 그렇다면 사실 인간 세상에는 예술이나 문학이라는 것도 존재할 필요가 없을 것이다. 그냥 자기 멋대로, 하고 싶은 대로, 쾌락을 즐기면서 내키는 대로 살다가 죽으면 될 것이다.

그러나 대부분의 사람들은 진실하고 성실하고 착하게 살려고 하고 있다. 고통을 겪으면서도 진리를 찾으려고 노력하고 있다. 만약 죽음으로써 모든 것이 끝난다면 결코 그렇게 살지는 않을 것이다.

물리학에서 말하는 에너지 보존의 법칙(질량 보존의 법칙)에 따르면, 모든 물질은 그 형태는 변하더라도 그 에너지는 변치 않는다고 한다. 그렇다면 죽는다고 모든 것이 끝나는 것은 아니다. 물론 육체는 죽는다. '나(에고)'도 언젠가는 소멸한다. 그것은 원래 실체가 없는 허상이기 때문이다. 자라면서 쌓인 경험의 집합체에 불과하다. 그 자체의 욕망의 스트레스가 다할 때까지는 존재할 수 있다. 그러나 그것도 영원한 것은 아니다.

그렇다면 대체 무엇이 죽지 않는 것이냐? 바로 여러분의 생명 에너지다. 우리의 본질인 생명만이 영생할 수 있다. '나(에고)'는 영생할 수 없다. 그런데도 사람들은 '나'로서 영생하려고 한다. '나'의 욕망을 가진 채로 영생하려고 한다.

영생하려면 '나'를 정복해야 한다

그러면 어떻게 해야 영생할 수 있을까? '나(에고)'를 정복해야 한다. 우리 마음속의 '나'의 집을 부숴야 한다. 적은 외부에 있는 것이 아니다. 우리 마음속에 있다. '나'의 이기적인 작용이 우리 자신을 파괴하고 세상을 파괴하는 것이다. 때문에 영생을 위해서는 '나'의 집착을 모두 끊어야 한다.

집착은 마음의 고통을 통해서 알 수 있다. 고통이 나타날 때 거기에 휩쓸리지 말고 즉시 마음을 관조하여 자신의 고통의 이유를 이해하고 인내해야 한다. 그리하여 모든 집착이 사라졌을 때, 고통도 함께 사라진다. 그리고 그 고통이 사라진 자리에 원래의 '생명(사랑)'이 드러나는 것이다.

집착에는 여러 가지가 있다. 먼저 모든 지식에 대한 집착으로부터 벗어나야 한다. 다음으로, 모든 동일시로부터 벗어나야 한다. 그 다음, 사람과 물질, 그리고 돈에 대한 집착으로부터 벗어나야 한다. 마지막으로, 명예나 지위, 체면 등에 대한 집착으로부터 벗어나야 한다. 이 모든 것이 '나'를 이루고 있다. 이것이 모든 고통을 초래한다.

그래서 우리가 자신의 집착을 알려면 치열한 경쟁과 인간관계 속에 놓여 봐야 한다. 그 속에서 겪는 갖가지 고통, 그것이 집착의 상태를 가르쳐 준다. 그 고통을 관조하고 이해하면서 인내하라. 그러면 집착은 서서히 녹아 없어질 것이다. 그래서 불교에서는 '고통이 곧 해탈문'이라고 한다.

그 과정은 정말 자신의 죽음과 같다. '나'의 죽음은 그렇게 쉬운 것이 아니다. 생명(사랑)을 터득한다는 것은 목숨을 건 도전이다. '나'의 죽음, 그것은 모든 집착의 죽음과 다름없다. 살아 있는 채로 죽는 것이다. 그것이 부활의 진정한 의미다. 그야말로 태초의 '생명(사랑)'으로 새롭게 다시 태어나는 것이다.

그런데 '나'도 하나의 에너지체기 때문에 엄청난 인력을 가지고 있다. 때문에 '나'의 인력에서 벗어나려면 엄청난 힘이 필요하다. 죽음과 같은 고통을 인내할 수 있는 힘, 어떤 고난과 시련에도 굽히지 않는 힘이 필요하다. 로켓이 엄청난 추진력이 있어야 지구의 중력권을 벗어날 수 있듯이.

비유하여 설명해 보자. 지구를 '나'라고 하고, 지구의 대기권을 벗어난 그 바깥의 진공 상태를 우리의 '생명(사랑)'이라고 한다면, 우리가 우리의 본질인 생명(사랑)과 하나가 되려면, 마치 우주선이 지구의 중력권을 벗어나야 우주로 날아갈 수 있듯이, '나(에고)'라는 인력권을 벗어나지 않으면 안 된다.

'나(에고)'의 인력권으로부터 완전히 벗어나는 것, 그것이 바로 생명(사랑, 진리, 자유, 조화)과 하나가 되는 길이요, 영생을 얻는 길이요, 우주 자연과 하나가 되는 길이다.

셀프힐링 포인트

어떻게 해야 영생할 수 있을까? 우리 마음속의 '나(에고)'의 집을 부숴야 한다. '나'의 집착을 모두 끊어야 한다.
집착은 마음의 고통을 통해서 알 수 있다. 고통이 나타날 때 거기에 휩쓸리지 말고 즉시 마음을 관조하여 자신의 고통의 이유를 이해하고 인내해야 한다. 그리하여 모든 집착이 사라졌을 때, 고통도 함께 사라진다. 그리고 그 고통이 사라진 자리에 원래의 '생명(사랑)'이 드러나는 것이다.

종교에 대한 이해

'내(에고)'를 탐구해 나가는 것,
그리하여 그것의 구속으로부터 영원히 해방되는 것,
이것이 진정한 종교다.

이 세상에는 수없이 많은 종교들이 존재하고 있다. 그들은 모두 사랑과 자비를 말하고 있다. 그런데도 우리의 삶은 더 행복해진 것 같지가 않다. 시간이 갈수록 사람들은 오히려 더 불행해지는 것 같다. 종교는 단지 그들의 불행을 위로해주는 도피처가 되었을 뿐, 진정으로 이 세상에 사랑을 가져다주지는 못하는 듯하다. 어떤 종교들은 오히려 이 세상에 투쟁과 전쟁과 분리만을 초래하고 있다. 그러면 진정한 종교란 과연 어떤 것일까?

사실 종교는 우리 인간들이 만든 것이다. 옛날에는 이 지구상에 종교라는 게 없었다. 그러다가 성현들이 나타나면서 그들의 가르침을 따르는 사람들에 의해서 만들어진 것이다. 이제 그것들은 한낱 지식이 되어 버렸다. 펄펄 살아 있는 삶이 아니라, 외우고 공부하고 주장하는 관념이나 지식이 되어 버렸다. 거기에는 이제 더 이상 사랑이 없다.

종교의 본질은 사랑이다. 사랑은 종교가 없던 시대에도 있었다. 단지 성현들이 나타나서 그것을 깨우쳐 주었을 뿐이다.

생명은 누구에게나 다 존재한다. 그 생명(사랑)의 권능을 사람들에게 깨우쳐 주기 위해서 성현들이 이 세상에 탄생한 것이다. 그 가르침이 종교라는 이름으로 이 세상에 전해지고 있을 뿐이다.

나는 여기에서 종교의 본질에 대해서 정말 이해하기 쉽게 얘기하고자 한다. 여러분은 단지 마음을 비워놓고 듣기만 하면 된다. 우리에게는 원래 진실을 이해할 수 있는 능력이 있기 때문이다.

그렇지 않고 만약 자신이 자라면서 갖게 된 종교적 지식이나 도그마를 갖고 듣게 된다면 여러분은 진실을 보지 못하게 될 것이다. 여러분이 갖고 있는 지식은 한낱 여러분 마음속의 '나(에고)'에 지나지 않기 때문에, 그 '나'는 스스로의 인력을 갖고 있어 자신을 지키기 위해, 진실을 보게 되더라도 외면할 것이다. 그렇지 않으면 자신의 존재 기반이 뿌리부터 흔들리게 되기 때문이다.

그러므로 여러분은 기존의 어떤 지식에도 의존하지 않는 여러분의 원래의 순수한 생명의 상태로 귀를 기울여야 한다. 어떤 지식에도 오염되지 않은 순수한 백지 상태의 마음이 되어 들어야만 한다. 그러면 진실이 보이기 시작할 것이다.

이 글을 읽으면서 여러분의 마음의 소리에 귀를 기울여

보기 바란다. 여러분 마음속에 숨어 있는 '나(에고)'를 발견할 수 있을 것이다. 이것은 둘도 없는 좋은 기회이다. 여러분 마음속의 '나'를 발견해 보라.

진정한 종교는 '나'를 탐구해 가는 것이다

진정한 종교는 여러분의 마음속에 있다. 여러분이 존재하지 않는다면 이 세상은 아무런 존재 가치가 없다. 여러분이라는 존재가 살아 있음으로써 이 세상도 의미를 갖게 되는 것이다. 때문에 무엇보다 중요한 것은 여러분이 살아 있다는 것이다. 그 '살아 있음', 그것이 바로 생명이다.

그 생명은 이 우주에 가득한 에너지다. 그것은 다른 말로 '기氣'라고도 한다. 그 에너지는 죽지 않고 영원하다. 에너지 불변의 법칙을 여러분은 다 알고 있을 것이다.

생명은 에너지다. 에너지는 죽지 않는다. 우리 모두는 그런 불멸의 생명을 갖고 있다. 그 생명이 곧 사랑이요 진정한 종교다.

생명은 그 자체가 사랑, 조화, 자유 등의 속성을 갖고 있다. 예수도 말했다.

"나는 길이요, 진리요, 생명이니라."

생명이 곧 사랑이요, 사랑이 곧 진리이다. 때문에 진정한 종교심은 '진리가 무엇인가', 즉 '사랑이 무엇인가'를 끊임없이 탐구해 나가는 것이다.

각 종교의 경전들에서는 그 길을 다양한 방법과 다양한 언어로 표현해 놓았다. 경전들은 진정으로 탐구하는 자에게는 도움이 된다. 그러나 탐구하지 않고 무턱대고 믿는 자에게는 아무런 소용이 없다. 그것은 단지 '나'를 강화시키는 먹이밖에 되지 않는다. 그리하여 다른 종교인과 싸움을 일으키는 지식으로 전락하고 만다.

그런데 문제는, 모든 사람이 다 생명을 가지고 있는데도 왜 사랑을 터득하지 못하느냐 하는 것이다. 생명이 곧 자유요, 조화요, 사랑이라면 모든 사람들이 자유롭고 사랑이 넘치는 삶을 살아야 할 텐데 왜 우리의 현실은 그렇지 못한 것일까?

그것은 바로 '나(에고)' 때문이다. 이것이 생명(사랑)의 작용을 가로막고 있는 주범이다.

그 '나(에고)'를 탐구해 나가는 것, 그리하여 그것의 구속으로부터 영원히 해방되는 것, 이것이 진정한 종교다.

이것이 가능하기 위해서는, 여러분이 자신의 본질인 '생명(사랑)'이 무엇인지를 분명히 알고, 그것이 주인이 되어서 '나'의 욕망을 컨트롤해 가야 한다. 우리가 보통 생각하고 있는 '나'는 자라면서 생겨난 허상에 불과하고, 우리의 생명이 우리의 진정한 본질이요 실체라는 것을 깨달아야 한다.

진정한 종교는 탐구심의 끝에서 만나는 것이다. '나는 누구인가'를 탐구하여, 자신의 진정한 본질인 '생명(사랑)'을 되찾는 것, 그것이 진정한 종교다.

종교도 하나의 지식이다

사실 종교조차도 하나의 지식이다. 원래 실체가 없는 '나'는 자신의 허망함과 죽음의 두려움으로부터 도피하기 위해, 그 빈자리를 종교라는 것으로 채움으로써 자신이 영원할 것 같은 느낌을 가지는 것이다.

그것이 바로 '나'가 벌이는 교묘한 작용이다. 그 작용을 깨닫지 않고서는 우리는 결코 사랑이 뭔지, 진리가 뭔지 모르게 될 것이다. 종교에 대한 집착, 그것은 '나'를 더욱 강하게 만들 뿐이다.

예를 들어, 만약 누군가가 여러분이 믿고 있는 종교에 대해서 심한 비방과 공격을 가한다면 여러분의 마음은 편치 못할 것이다. 상대방을 미워하게 되고, 심할 경우에는 그와 싸우게 될 것이다.

그것은 사랑이 아니다. 그것은 종교가 아니다. 그것은 '나'를 지키려는 행위에 지나지 않는다. 종교를 믿는 자기 마음을 고집하는 것일 뿐이다. 인류 역사상 종교로 인해 벌어진 숱한 전쟁이나 살상은 모두 바로 우리 자신 속의 '나'에 의해 벌어진 것들이다.

때문에 자신이 알고 있는 것을 함부로 믿지 말라. 자신의 지식을 항상 의심하라.

진정한 종교인은 어떤 것에도 의존하지 않는다. 그는 어떤 종교에도 속하지 않는다. 예수, 석가모니, 마호메트, 노자, 장자, 소크라테스, 공자, 그들은 어떤 종교에도 속하지 않았다. 종교는 그들을 따르는 사람들이 만든 것이다.

진정한 종교인은 자신의 생명(사랑)의 뜻을 따른다. 그들은 '나(에고)'의 지배에서 벗어나 '생명(사랑)'이 주인이 되어 산다. 때문에 그들의 삶은 자유롭고, 조화롭고, 자연스럽다.

생명의 삶, 사랑의 삶, 그것만이 진정한 종교이다.

 **셀프힐링 포인트**

종교조차도 하나의 지식이다. 그것조차도 나(에고)의 욕망을 채우는 도구요 재료요 먹이가 된다. 원래 실체가 없는 나는 자신의 허망함과 죽음의 두려움으로부터 도피하기 위해, 그 빈자리를 종교라는 것으로 채움으로써 자신이 영원할 것 같은 느낌을 가지는 것이다. 그것이 바로 나(에고)가 벌이는 교묘한 작용이다. 그 작용을 깨닫지 않고서는 우리는 결코 사랑이 뭔지, 진리가 뭔지 모르게 될 것이다.

종교에 대한 집착, 그것은 나를 더욱 강하게 만들 뿐이다. 때문에 자신이 알고 있는 것을 함부로 믿지 말라. 자신의 지식을 항상 의심하라.

사랑의
이해를 통한 치유 | 2

생명(사랑)은 순수 에너지이다. 그것은 영원하다.

사람들은 그 에너지를 신神이라고도 말한다.

그 에너지의 작용에 의해 만물이 생성되고 삶이 탄생되었다.

또 그 에너지에 의해 우리의 '나(에고)' 라는 경험의 집합체도 생겨나게 되었다.

그 '나' 의 죽음, 그것이 진정한 생명(사랑)의 부활이요, 진정한 삶의 시작이다.

사랑에 대하여

영원한 생명(사랑)을 터득하기 위해서는
'내(에고)'가 죽지 않으면 안 된다. 이것이 바로 사랑의 역설이다.
사실 진정한 사랑은 죽음과 같다. 그 죽음은 바로 '나'의 죽음이다.
'나'가 죽지 않고서는 '사랑(생명)'과 하나가 될 수 없다.

진정한 사랑이란 어떤 것일까? 우리가 사랑을 원하는 진정한 이유는 무엇일까? 사람들은 왜 평생 사랑을 찾아 다닐까?

쇼펜하우어는 그의 [성애론]에서 이렇게 말했다.

"연애 감정이란, 개체의 희생을 통하여 종족을 보존하려는 의지다. 종족의 과업이 개체보다 우선한다. 사랑의 망상과 환상에 빠지고 사랑에 홀림으로써 개체는 고통을 당하지만 세대는 존속된다."

쇼펜하우어는 성애에 대한 이런 이성적인 고찰을 통하여 성애에 빠지거나 빠질 사람들에게, 망상에 빠져 개인적인 행복을 희생하고 있는 개체들에게 뭔가 도움을 주려고 했다고 한다. 사람들에게 절대 사랑에 빠지지 말라고 말이다.

동물의 세계를 보면 사실 그것도 맞는 말이다. 이 자연이, 성격이 전혀 다른 두 사람으로 하여금 사랑에 빠지게 하는 것은 성격적으로 더 나은 2세를 낳기 위한 자연의 조작인지도 모른다. 비록 성격 차로 인해 두 사람은 무한히 고통 받겠지만.

그러나 쇼펜하우어가 한 가지 간과한 점이 있다. 우리 인간이 큐피드의 화살에 맞아 사랑에 빠지는 것은 종족의 보존뿐만 아니라, 궁극적으로는 생명의 진화가 목적이라는 사실이다. 그는, 모든 생명체는 우주의 종족 보존을 위한 노리개라는 식으로 말했는데, 그것은 그의 자만심에서 나온 말이 아닌가 싶다.

그러나 진정한 '겸허'는 하늘(생명)의 뜻을 알고 그 뜻에 따르는 삶이다. 그것이 진정한 우리의 운명이다. 설사 그 운명이 고난의 길이라고 하더라도, 그것이 자신이 가야 할 길이라면 꿋꿋이 인내하며 충실히 따르는 것이다. 그래서 예수도 하늘의 뜻에 따라 십자가에 못 박혔고, 그래서 니체도 '너의 운명을 사랑하라'고 말했던 것이다.

그런데 인간이 만물의 영장이 될 수 있는, 정말 위대한 점은 우주의 단순한 노리개에서 벗어나 생명(사랑) 자체가 될 수 있다는 것이다. 큐피드의 화살에 맞아 사랑의 환상에 빠짐으로써, 자신과 정반대의 성격의 상대로 인해 숱한 고통을 겪게 되더라도, 우리 인간은 그 속에서 진정한 사랑을 발견해낼 수 있다는 것이다. 자신의 희생 속에서 겪는 수많은 고통을 이해하고 극복했을 때 비로소 그것은 가능하다. 고통을 느끼는 '나(에고)'로부터 벗어남으로써 가능한 것이다.

사랑이란, 개체가 전체와 하나가 되려는 본능이다

원래 세상의 모든 존재는 전체와 하나가 되려는 본능을 가지고 있다.

사실 이 우주는 하나다. 우리 몸속에는 수많은 세포가 각자의 기능을 가지고 활동하고 있지만, 궁극적으로는 우리 몸이 하나이듯이.

작은 물방울과 큰 물방울을 가까이 놓으면 작은 물방울

은 큰 물방울에 흡수된다. 마찬가지로 '나'라는 개체도 전체와 하나가 되려고 하는 본능을 가지고 있다. 그것이 곧 사랑이라는 작용으로 나타나는 것이다.

그런데 우리 인간만은 특이하게도 '나'라는 것을 가지고 있어서, 항상 전체와 분리되어 있다는 느낌을 가지고 있다. 그 '나'가 자신의 생명과 자연(전체) 사이를 하나의 막처럼 막고 있기 때문이다. 아주 어렸을 때는 이 막이 거의 없었기 때문에 자연과 분리된 느낌을 잘 느끼지 못하다가, 자라면서 이 막이 점점 두터워져 자연과도 점점 멀어지게 되었다.

이런 분리의 느낌은 '나'에게 죽음의 두려움과 고통을 준다. 왜냐 하면 자연은 영원하지만 개체는 유한하기 때문이다. 바다는 영원하지만 물방울은 유한하듯이. 물방울이 영원하기 위해서는 바다 속으로 뛰어 들어가야 한다. 그것은 물방울에게는 죽음과 같다. 하지만 그것이 물방울이 영원할 수 있는 길이다.

때문에 우리가 자연(생명)처럼 영원하려면 자연과 우리의 생명 사이를 막고 있는 '나'라는 막을 제거해야만 한다. 이 '나'라는 막이 우리 자신을 전체와 분리시키고 고통을 일으키며 죽음의 두려움을 느끼게 하고 있다. 때문에 이 '나'가 죽어야 전체와 하나가 될 수 있다.

그렇다면 우리가 왜 사랑을 원하느냐? 우리가 사랑을 하는 동안은 전체와 하나가 될 수 있기 때문이다. 그 순간만은 자연과 하나 되어 어떤 분리감도 느낄 수 없다. 사랑을 하는 동안에는 '나'가 존재하지 않는다. 아니, '나'를 잊을 수 있다.

사람들이 술과 마약, 그 외 온갖 쾌락에 탐닉하는 것은 전부 다 이 '나'로 인한 전체와의 분리감과 그로 인한 죽음에 대한 무의식적인 공포를 잊기 위해서이다. '나'의 욕망으로 인한 좌절과 그로 인한 고통을 잊기 위해서이다.

그러니까 사랑이라는 것은 개체가 전체(자연)와 하나가 되려는 본능인 것이다. '나'가 죽음의 두려움으로부터 벗어나려는 발버둥이기도 하다.

그러나 영원한 생명(사랑)을 터득하기 위해서는 '나(에고)'가 죽지 않으면 안 된다. 이것이 바로 사랑의 역설이다. 사실 진정한 사랑은 죽음과 같다. 그 죽음은 바로 '나'의 죽음이다. '나'가 죽지 않고서는 '사랑(생명)'과 하나가 될 수 없다. 그런 점에서 <사랑, 죽음, 생명>이라는 말은 동의어인 셈이다.

진정한 사랑은 죽음과 같다

결국 사랑한다는 것은 죽음으로 뛰어드는 것이다. 진정한 사랑을 위해서는 '나(에고)'가 죽어야 한다. 사랑에 고통이 따르는 것은 바로 '나' 때문이다. '나'는 스스로를 지키려고 하는데, 사랑은 그것을 허용하지 않는다. 서로가, 상대가 자라오면서 경험해온 세계, 즉 '나'에 끊임없이 고통을 가한다. 때문에 '나'의 유지가 쉽지 않다.

부부나 연인이 서로 하나가 되어 사랑하다가도 다시 현실로 돌아왔을 때 끊임없이 싸우는 것은 서로의 '나'의 집착 때문이다. 그 집착을 끊지 않으면 사랑은 어렵다.

사랑하기 때문에 헤어진다는 말은, 어느 한쪽이 '나'의 고통을 더 이상 견뎌낼 수 없기 때문인지도 모른다. 그 고통 속에서 '나'가 죽을 것 같기 때문이다. '나'가 살기 위해서인 것이다.

그런데 여기서 중요한 것은, 진정한 사랑을 위해서는 죽음을 두려워하는 그 '나' 가 죽어야 한다는 사실이다. 때문에 진정한 사랑은 쉬운 것이 아니다. 숱한 고통을 각오해야 한다. 그러나 그 고통은 참 사랑을 발견하기 위한 필수적인 과정이다.

고통은 신의 은총이요 해탈문이다

우리가 정 반대 성격의 사람과 만나서 사랑하는 것은 이 우주가 서로에게 고통을 주어 진정한 사랑을 발견케 하려는 치밀한 계획인지도 모른다. 그리하여 모두가 원초적인 생명(사랑)의 고향, 즉 신의 세계로 하루빨리 돌아오기를 바라는 것인지도 모른다. 때문에 고난과 시련을 '신의 미소, 신의 은총' 이라고 하고, '고통은 곧 해탈문' 이라고 하는 것이다. 그래서 우리의 생명(무의식)은 사신보다 더 자신을 사랑하는 사람을 미워하는지도 모른다.

나의 경우를 보면, 내가 그녀 자신이 자신을 사랑하는 것보다 더 사랑했기 때문에 — 그것은 집착이지 사랑이 아니기 때문에 — 그녀의 생명은 구속감으로 인해 거부감과 기분 나쁨을 무의식적으로 느껴, 나의 집착을 끈질기게 잡고 늘어졌는지도 모른다. 나의 잘못된 사랑(집착)을 깨우쳐 주기 위해서 말이다.

생명은 자기 보존의 법칙에서 벗어나면 위험 신호를 보낸다. 나의 무의식(생명)은 그것이 잘못된 사랑이라는 것을 다 알고 있는 듯, 나의 마음 깊은 곳에서는 어떤 박탈감 같은 것을 느꼈다.

그런데도 내 마음속의 '나'는 그 내면의 소리를 무시하고 계속 그녀에게 집착했다. 그 집착은 그녀 자신 속의 '나'에는 만족감을 줬겠지만 그녀의 무의식(생명)은 어떤 구속감과 압박감을 느꼈을 것이다. 집착은 상대의 사랑과 자유를 억압할 뿐 결코 성장시켜 주지 않기 때문이다.

그녀는 나에게 계속 돈을 요구해 왔다. 나에게 고통을 가해 왔다. 내가 스스로 나 자신의 집착을 깨달을 때까지. 나는 무수히 고통을 당했다. 그리하여 드디어 그 고통 속에서 나 자신의 잘못을 깨우치고 그녀에 대한 사랑(집착)을 거두어 버렸다. 나는 더 이상 그녀를 도와주지 않았다.

그녀 자신 속의 '나'는 충격을 받았다. 그 동안 나에게 의존했던 상태가 좌절됨으로써 고통을 느꼈다. 그녀는 거기서 자신의 잘못을 깨닫고 나에 대한 의존을 철회했다. 그러나 그녀의 무의식(생명)은 알 수 없는 해방감을 느꼈을 것이다. 그녀는 무의식적으로 구속과 압박감에서 벗어나는 기분을 느꼈을 것이다.

이제 그녀는 자신의 힘으로 고통을 이겨 나갈 것이다. 고통 속에서 자신의 잘못된 부분을 깨닫고 더 이상 거기에 얽매이지 않게 될 것이다. 진정한 사랑의 의미를 깨닫고 자신의 어려움을 혼자 힘으로 꿋꿋이 이겨나갈 것이다. 홀로 서는 법을 배울 것이다. 그녀는 진정으로 자신을 사랑하는 법을 배울 것이다. 그리하여 진정한 어른이 되어 갈 것이다.

그녀가 만약 그런 고통 속에서 이런 사실을 깨닫지 못한다면 그 사실을 깨달을 때까지 그녀는 같은 고통을 계속 겪어야만 한다. 하지만 그녀가 그 사실을 깨닫게 된다면 그녀는 더 이상 나에게 집착하지 않게 될 것이다. 그녀의 삶은 점차 자유와 사랑과 조화, 그리고 중용을 되찾게 될 것이다.

이것이 생명의 신비다. 이것은 부모 자식 관계, 연인 관계, 부부 관계 등 모든 인간관계에 적용될 수 있다.

결국 생명이 원하는 것은 진정한 사랑이다. 사랑의 고통 속에서 진정한 어른으로 성숙해 가기를 바라는 것이다.

또한 진정한 사랑은 상대가 자기 자신을 더욱 사랑할 수 있게 하여 상대를 성장시키는 것이다. 사랑이 때로 냉정해야 하는 이유가 바로 거기에 있다.

 **셀프힐링 포인트**

사랑한다는 것은 죽음으로 뛰어드는 것이다. 진정한 사랑을 위해서는 나(에고)가 죽어야 하기 때문이다.

사랑에 고통이 따르는 것은 바로 나 때문이다. 나 는 스스로를 지키려고 하는데, 사랑은 그것을 허용하지 않는다. 서로가, 상대가 자라오면서 경험해온 세계, 즉 나 에 끊임없이 고통을 가한다. 그러나 그 고통은 사랑(생명)을 발견하기 위한 필수적인 과정이다.

사랑의 고뇌에 대하여

우리가 보통 사춘기부터 경험하게 되는 이성과의 사랑은
동물적인 수준을 벗어나지 못하는 사랑이다.
그저 자신의 욕망을 채우기 위한 에로스의 사랑에 불과하다.
하지만 거기, 그 에로스의 사랑 속에 신의 사랑이
잠재되어 있음을 기억하라!
아가페의 사랑은 곧 사랑의 고뇌 속에서 싹트기 때문이다.

사람이라면 누구나 어느 정도의 나이가 되면 이성을 그
리워하게 된다. 남녀를 불문하고 대개 중학교 때쯤이면 사
춘기를 겪는다. 간혹 더 빠른 경우도 있다. 아무튼 본인이
알든 모르든 자신의 종족 보존의 본능에 지배되어 짝을 찾
기 위한 끊임없는 탐색을 시작한다.

그 과정은 짐승들도 마찬가지다. 그들도 때가 되면 짝짓
기를 위하여 갖은 모양과 방법으로 상대를 유혹한다. 동물
의 왕국 같은 것을 보라. 그들의 짝짓기 행동이 얼마나 처

절한가를. 그렇게 짝을 짓고 나면 곧 새끼를 낳는다.

그런데 이상하게도 그들에겐 상대에 대한 집착이라든가 사랑의 고뇌 같은 게 거의 없어 보인다. 우리 사람에게는 사랑의 고뇌라는 게 있는데 말이다.

우리 사람은 자신이 좋아하는 상대가 나타나면 그 때부터 자신의 모든 에너지를 상대를 향하여 집중적으로 쏟아붓는다. 다행히 상대가 자신에게 끌려오면 마치 온 세상을 다 얻은 듯이 즐거워한다. 그러나 상대가 어디 자기 뜻대로 되는가? 사랑의 고뇌는 이제 시작인데.

둘 사이의 사랑이 외부적인 요인이나 상대의 어려운 상황으로 자신에게 희생이 요구되는 경우에는 그 고뇌가 특히 심하다. 그런 경우에 대부분의 사람은 뒤로 물러나 이별을 선언하게 되거나, 상대를 향한 자신의 사랑이 식어감을 어쩔 수 없이 느끼게 된다. 그러면 또다시 짝을 찾아 나선다.

그 순간, 우리는 아주 소중한 기회를 잃어버리게 된다. 바로 신이 인간에게 베푸는 사랑을 터득할 수 있는 기회를. 우리의 본질인 생명(사랑)을 찾을 수 있는 기회를.

진정한 사랑은 사랑의 고뇌 속에서 싹튼다

'나(에고)'는 인력의 법칙에 의해 어떻게든 자신을 유지하려고 한다. 그것은 바로 '나'의 욕망이다. 그 '나'의 욕망 때문에 사랑의 아픔이 뒤따르는 것이다. 때문에 사랑하는 과정에서의 자신의 희생은 바로 이런 '나'의 희생이다. 그 희생은 모험이요, 위험이요, '나'의 부분적인 죽음과 같다.

사랑은 미지의 세계에 뛰어드는 것이라 '나'에게는 엄청난 위험을 감수하지 않으면 안 되는 모험과 같은 것이다. 사랑하는 사람이 지금 최악의 상황에 있을 때 그 곁을 떠나지 않고 함께 위험을 감수하면서 지낸다는 건 쉬운 일은 아니다. 알 수 없는 미래로 뛰어드는 일이기 때문이다.

그럼에도 불구하고! 뒤로 물러서지 않고 사랑하는 상대를 위하여 자신의 모든 것을 아끼지 않고 모든 어려움을 인내하면서 자신을 희생한다면 우리는 비로소 신이 사랑의 고뇌를 통하여 우리에게 무엇을 전하려 하는지를 알 수 있게 된다.

바로 사랑의 고뇌 속에서 '나'는 죽고 '생명(사랑, 자유,

조화)'이 부활한다는 메시지를.

한편, 그런 사랑의 과정에서 우리에게는 수많은 갈등이 일어난다. 그래서 어느 가수는 노래했다.

"벗어나고파! 그대에게서 벗어나고파!"

그러나 그것은 그 고뇌의 원인이 어디에서 비롯되었는지를 통찰하지 못한 데서 나온 말이다. 만약 그 원인을 제대로 통찰했다면 우리는 그 사랑의 고뇌 속에서 참된 사랑의 불씨를 찾아냈을 것이다.

사실 사랑하게 되면, 아니 진짜 사랑에 빠지게 되면 자신이 괴롭더라도 상대를 기쁘게 해주고 싶어진다. 어떤 경우에는 상대를 놓치기 싫어서, 마음은 괴롭지만 어쩔 수 없이 끌려가는 수도 있다. 비록 그렇더라도 그런 상태가 계속되다 보면 그 스스로 자각할 때가 온다.

'아, 내가 이 사람에게 너무 집착하고 있구나!'

그렇게 되면 그 때부터 서서히 상대에 대한 자신의 집착의 끈을 하나씩, 하나씩 끊게 된다. 왜냐 하면 그것이 마음의 고통에서 벗어날 수 있는 유일한 길이기 때문이다. 그렇지 않은 사람은 평생 그런 고통을 감수하지 않으면 안 된다.

그는 이제 집착이 없는 마음의 상태가 얼마나 편한가 하는 것을 알게 된다. 드디어 그런 자각의 상태에서 사랑의 고뇌를 완전히 벗어나게 되면 그는 더 이상 사랑으로 인한 고뇌에 빠지지 않게 되고, 인간적인 사랑도 졸업하게 된다. 이것은 진실하게 사랑한 그 사람에게 내리는 신의 은총이요 사랑이다.

에로스의 사랑 속에 신의 사랑이 숨어 있다

어느 한 사람을 어떤 어려움 속에서라도 사랑할 수 있다면, 그는 단 한 사람에 대한 사랑을 통해서 사랑의 갈증을 해소할 수 있게 된다. 그리고 그 후의 삶은 인간적인 사랑('나'의 자기만족적인 사랑)이 아닌 신의 사랑(생명)을 추구하는 삶이 될 것이다.

이제 그의 눈에는 자신의 아내나 남편도 자신의 소유물이 아닌 하나의 객체로서 보이게 되며, 또한 누군가를 보더라도 껍데기의 그들이 보이는 게 아니라, 단 한 순간에 그들의 전 인생의 나이테 — 그들의 희망, 고뇌, 갈망, 사랑, 기쁨, 슬픔, 원망, 분노 등 — 가 한꺼번에 느껴져 와, 자신이 겪었던 것과 같은 마음을 지니고 있는 그들의 인생에 대한 애달픔으로 연민의 감정을 품지 않을 수가 없다. 왜냐 하면 그는 끊임없는 욕망의 희생을 통하여 수없이 많은 영혼의 아픔을 경험했기 때문이다.

그래서 그는 작은 벌레 한 마리를 보더라도, 들판에 피어 있는 한 송이 이름 모를 꽃을 보더라도 그 한 개체가 지금까지 살아오면서 겪은 삶에 대한 애달픔을 자신의 심정처럼 느끼게 된다.

이런 사람에게서 어찌 현대 문명의 이기 속에서 비롯되는 비인간적인 행위를 기대할 수 있을까! 이것이 인간과 짐승이 다른 점이 아닐까?

만약 우리 사람이 사랑의 고뇌를 통해서 신의 사랑을 깨우치지 못한다면 사실 짐승이나 별반 다를 게 없을 것이다.

우리가 보통 사춘기부터 경험하게 되는 이성과의 사랑은 동물적인 수준을 벗어나지 못하는 사랑이다. 그저 자신의 욕망을 채우기 위한 에로스의 사랑에 불과하다. 하지만 거기, 그 에로스의 사랑 속에 신의 사랑이 잠재되어 있음을 기억하라! 아가페의 사랑은 곧 사랑의 고뇌 속에서 싹트기 때문이다.

그런 의미에서 우리 모두의 사랑은 너무나, 너무나 소중한 것이다. 그것이 출발점이란 점에서.

　그러나 우리는 결국 거기에서 사랑의 제로 지점을 터득해야 한다. 아무런 집착이 없는 사랑, 음(−)에도 치우치지 않고 양(+)에도 치우치지 않는, 양성을 초월한 제로(0) 지점을. 그것은 중용이라고도 말할 수 있다. 그 지점은 사랑과 자유와 조화가 충만한 세계다. 이것이 바로 생명의 본질이요, 사랑의 본질이다.

 **셀프힐링 포인트**

사랑은 미지의 세계에 뛰어드는 것이라 '나(에고)'에게는 엄청난 위험을 감수하지 않으면 안 되는 모험과 같은 것이다. 사랑하는 사람이 지금 최악의 상황에 있을 때 그 곁을 떠나지 않고 함께 위험을 감수하면서 지낸다는 건 쉬운 일은 아니다.

그럼에도 불구하고 뒤로 물러서지 않고 사랑하는 상대를 위하여 자신의 모든 것을 아끼지 않고 모든 어려움을 인내하면서 자신을 희생한다면, 바로 그 사랑의 고뇌 속에서 비로소 '나(에고)'는 죽고 '생명(사랑, 자유, 조화)'이 부활함을 보게 될 것이다.

생명의 지혜에 대하여

삶에 어려움이 있다면,
자신의 내면의 소리, 생명의 지혜에 귀를 기울이라.
모든 답은 우리의 마음, 우리의 무의식 속에 있기 때문이다.
우리의 무의식, 우리의 생명은 원래 이 우주와
하나로 이어져 있기 때문이다.

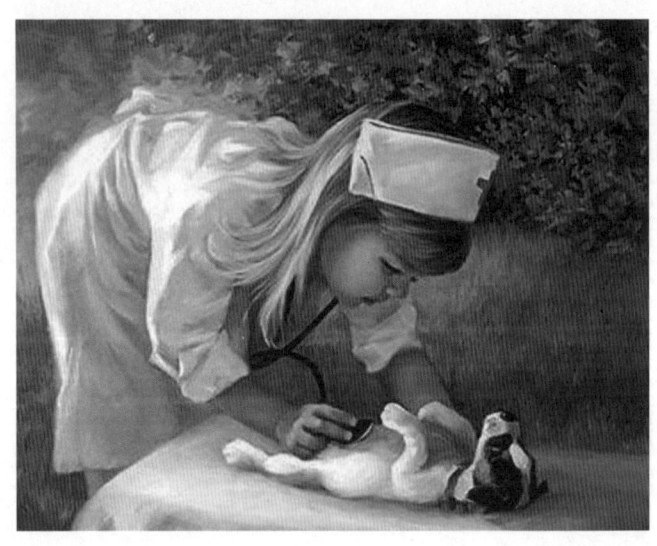

생명은 자기 보존의 법칙을 갖고 있다.

나무는 추위가 다가오면 벌써 잎이 변하기 시작하면서 하나씩 떨어지기 시작한다.

철새들은 때가 되면 먹이를 찾아 다른 곳으로 이동해 간다. 벌들은 꽃이 없는 겨울을 나기 위해 꿀을 저장해 둔다.

연어는 새끼를 낳기 위해, 자신의 새끼들이 안전하게 부화할 수 있는 최적의 조건을 갖추고 있는 모천母川으로 찾아간다.

물고기들은 적들로부터 자신을 보호하기 위해 자신이 살고 있는 주변 환경과 거의 흡사한 색깔로 변장할 수 있는 기술을 갖고 있다. 가자미, 문어를 보라. 동물인 카멜레온도 마찬가지다.

곤충들은 어디서 배운 적도 없으면서 자신의 집을 완벽하게 지어낸다.

새들이 먼 길을 갈 때는 항상 무리를 지어 날아간다. 마치 큰 새 모양을 하여 기류를 쉽게 만들어 훨씬 먼 거리를 날아간다.

괄태충(민달팽이)은 먹이를 위해 강을 건너야 할 때는 공간 이동을 하여 강을 건넌다(이쪽에서 몸이 서서히 없어지면 강

건너에서 몸의 앞부분이 나타난다고 한다).

생물들은 홍수나 지진이 일어날 것을 미리 느끼고 안전한 곳으로 피신한다.

이 모든 것들은 생명의 신비라고밖에는 말할 수가 없다. 이것은 모두 생명이 자신을 보존하기 위해서 다양한 방법으로 진화해 온 것이다. 살아남기 위한 생명의 자기 보존 본능, 종족 보존의 본능, 그것은 궁극적으로 생명의 진화를 위한 것이다.

이런 본능은 우리 인간이라고 예외는 아니다.

인간에게도 자기 보존의 법칙은 작용하고 있다. 그러나 그 작용은 다른 생명체보다는 미약하다. 그것은 왜일까? 스스로 만물의 영장이라고 일컫는 우리가 왜 하등 동물보다 자기 보존에 서투른가?

그것은 바로 '나(에고)' 때문이다. 우리가 자라오면서 축적해온 경험의 집합체인 '나'가 우리의 원래의 순수한 생명 에너지를 덮어 버려 그 기능이 제대로 작동하지 못하기 때문이다. 맑은 하늘에 생각과 욕망이라는 구름이 항상 끼어 있어 생명의 빛(지혜)이 새어나오질 못하고 있다. 그러다가 가끔씩 구름이 사라질 때 운 좋게 빛이 잠깐 새어나오기도 한다. 그러나 그 빛을 제대로 인식하는 사람도 별로 없다.

생명의 지혜를 얻으려면 '나'의 지배로부터 벗어나야 한다

그렇다면 어떻게 해야 생명의 지혜를 얻을 수 있을까? 그것은 바로 '나'라는 구름을 걷어 내는 일이다. 아니, 그것의 지배로부터 벗어나는 것이다. 생각이라는 것을 없앨 수는 없기 때문이다. 그것은 죽은 시체에게나 가능한 일이다. 하늘에 구름이 있어야 더 아름다운 법이다.

대부분의 사람들은 '생명(사랑)'이 '나'에 가려져 있어 마치 하나처럼 딱 붙어 있다. 때문에 사람들은 거의 '나'에 지배되어 살고 있다.

그러나 생명과 '나(에고)'의 개념을 알고, 생명이 주체가 되어 '나'의 작용을 하나하나 관조하고 이해하고 인내해 가다 보면 자신의 본질인 생명과 '나'가 서서히 틈이 생기기 시작한다. 그러다가 자기 이해가 더욱 깊어지면 생명과

'나'가 완전히 분리되게 된다. 그것이 곧 생명과 하나 됨이요, 내면의 천국에 도달하는 길이다.

이런 사람은 생명의 지혜 그 자체가 되어서, 생명의 속성인 자유, 사랑, 조화의 삶을 살게 된다. 깨어 있는 삶이 되는 것이다. 자기에 한정되었던 그의 의식은 우주 끝까지 뻗어나간다.

그에게는 미래의 일까지도 쉽게 느껴진다. 생명은 자신을 보존하기 위해서 그 지혜의 안테나를 우주 끝까지 뻗쳐 모든 위험을 감지하기 때문이다. 이것이 바로 동물들이 미래를 감지하는 메커니즘이다.

우리 보통 사람들도 어느 정도 이런 능력은 누구나 다 가지고 있는데, 그것을 잘 활용하는 사람과 그렇지 못한 사람이 있을 뿐이다.

생명의 갈망에 귀 기울이라

생명은 우리의 무의식에 가깝다. 우리는 우리가 갖고 있는 능력의 10~20% 정도밖에 쓰지 못하고 있다고 한다.

이것을 빙산에 비유하면, 빙산이 물 밖에 나와 있는 부분 (10% 정도)이 우리의 의식이고, 물 속에 들어가 있는 부분 (90% 정도)이 우리의 무의식이라고 할 수 있다. 이 무의식의 능력이 우리의 진정한 생명의 능력이라고 보면 된다.

생명은 죽지 않는 에너지로 태초부터 존재했기 때문에 우리의 무의식 안에는 헤아릴 수 없는 과거의 모든 기억들이 축적되어 있다고 한다. 그것이 어느 날 부모님의 사랑의 행위 속에서 우리의 몸속으로 들어오게 된 것이다. 거기에는 우리의 모든 과거가 숨어 있다. 그 안에 우리의 개성의 씨앗이 들어 있다. 때문에 사람마다 소질이 다르고, 개성이 다른 것이다.

자신이 진정 좋아하는 일이 무엇인지 궁금한 사람은 자신의 내면의 소리(생명의 지혜)에 귀를 기울여 보라. 여러분 안에 그 답이 숨어 있다. 그것을 찾아내라.

장미는 장미를 피우고 싶은 갈망이 있고, 호박은 호박을 열매 맺고 싶은 갈망이 있고, 해바라기는 해바라기를 꽃피우고 싶은 갈망이 각각의 씨앗 속에 숨어 있다. 그 갈망을 찾아내라. 생명의 멈출 수 없는 갈망에 귀 기울이라. 생명의 근원적 욕망은 바로 창조이다. 자기만의 색깔을 창조하라.

간절히 원하면 이루어진다

우리는 잠자는 동안에 꿈을 꾼다. 꿈에는 우리의 욕망이 숨어 있다. 꿈은 그 욕망을 해결해 주려고 노력한다. 생명은 자기 보존의 법칙을 갖고 있어, 우리가 갖고 있는 욕망을 해결해 주려는 쪽으로 움직인다. 그렇지 않으면 스트레스가 되어 생명을 좀먹기 때문이다.

그런데도 생명이 가르쳐 주는 지혜를 무시하고 따르지 않게 되면 그 스트레스는 정도를 지나쳐 생명을 파괴할 가능성이 있기 때문에 생명은 '나'의 욕망을 차단하기 위해 그 기능을 정지시켜 버린다. 이것이 사람이 미쳐 버리는 메커니즘이다.

생명은 늘 우리의 스트레스를 풀어주려 한다. 자다가 오줌이 마려우면 오줌 누는 꿈을 꿔서라도 몸의 스트레스를 풀어준다. 낮에 기분 나쁜 일이 있어 누군가를 한방 때려주고 싶었는데, 체면 때문에 참았다면 꿈에 누군가를 때림으로써 그 스트레스를 풀어준다. 포르노 비디오를 보고 잤는데, 꿈에 아름다운 여자와 관계하여 몽정을 했다면, 그것은 여러분의 성적 욕망으로 인한 신체의 스트레스를 풀어준 것이다. 이것은 모두 우리의 본질인 생명이 자신을 보존하기 위해서이다.

또 우리가 뭔가를 간절히 원하면, 정말 온몸으로 간절히 원하면 생명은 우리가 원하는 것을 이루어준다. 시일은 좀 걸리더라도. 그것을 이루기 위한 여러 가지 영감을 떠올려준다.

여러분이 어떤 문제를 고민하다가 잠이 들었는데, 깨어나면서 퍼뜩 그 문제의 답이 떠오른 경험이 있을 것이다. 그것은 여러분의 무의식(생명)이 자신을 지키기 위해서 그 스트레스를 풀어준 것이다.

영감은 간절함에서 나오는 것이다. 생명은 전지전능하기 때문에 모든 답을 알고 있다. 다만, 두드리는 자에게만 주어진다. 그것이 바로 생명의 지혜다.

'두드려라. 열릴 것이다.'

'하늘은 스스로 돕는 자를 돕는다.'

'진인사 대천명盡人事待天命(사람의 할 일을 다하고 하늘의 뜻을 기다려라)'

<여기서의 하늘은 생명이나 신이라는 말로 대체해도 된다.>

이 말들이 다 같은 진리를 말하고 있는 것이다.

때문에 삶에 어려움이 있다면, 자신의 내면의 소리, 생명의 지혜에 귀를 기울이라. 모든 답은 우리의 마음, 우리의 무의식 속에 있기 때문이다. 우리의 무의식, 우리의 생명은 원래 이 우주와 하나로 이어져 있기 때문이다.

셀프힐링 포인트

우리가 뭔가를 간절히 원하면, 정말 온몸으로 간절히 원하면 생명은 우리가 원하는 것을 이루어준다. 시일은 좀 걸리더라도. 그것을 이루기 위한 여러 가지 영감을 떠올려 준다. 그것이 바로 생명의 지혜다.

삶에 대하여

'나(에고)' 라는 것은 많은 욕망을 가지고 있는데,
그 욕망이 채워지지 않으면 자신은 아무 것도 아닌 존재가 되어
영원히 존재하지 못하고 죽을 것 같기 때문에,
그것이 뭐가 되었든 그 대상에 집착함으로써 스스로의 존재를 확인한다.

사람들은 보통, 인생은 일장춘몽이니, 한바탕의 꿈이니, 허무하다느니 하면서 그냥 되는 대로 그럭저럭 살아가고 있다. 그러면서도 뭔가 마음 한 구석에는 미심쩍은 것이 있는 듯하다.

그러나 사실 우리의 인생은 허무한 것이 아니다. 허무하다고 생각하는 것은 인생에 대해서 뭔가 잘못 알고 있기 때문이다. 그러면 과연 어떻게 사는 것이 참된 삶일까?

원래 우리는 어머니 뱃속에서 이 세상에 태어날 때 맨몸으로 태어났다. 그것이 우리의 전부였다(그 몸조차도 사실 애초부터 있었던 것은 아니기 때문에 그것두 우리의 본질은 아니다).

그러다가 세월이 점점 흐르면서 마음속에 여러 가지 경험이 쌓이면서 '나(에고)'라는 관념이 생겨났다.

우리는 그 '나' 속에 수많은 것들을 집어넣고 있다. 사람, 사물, 돈, 지식, 지위, 명예 등등. 그리하여 자신이 아무 것도 아닌 존재가 아니라, 뭔가 커다란 존재라는 느낌을 가지려고 한다. 자신은 유한한 존재가 아니라, 영원한 존재가 되고 싶어 한다. 많은 사람들이 세속적인 것에 무한한 가치를 두고 거기에 집착하는 것은 바로 그 때문이다.

그러나 그 집착의 대상들을 냉철하게 생각해 보면 그들 중에 영원한 것은 하나도 없다. 사람도 언젠가는 죽어야 하고, 사물도 언젠가는 없어질 것이고, 돈, 지식, 지위, 명예, 그 어느 것 하나 실체가 있는 것은 없다. 그런데도 그것들이 마치 영원한 것처럼 붙잡고 있다.

이것이 바로 사람들이 인생을 허무하다고 생각하는 이유이다. 영원한 듯이 집착하고 있다가, 어느 날 그 대상이 사라져 버리니 허무할 수밖에 없는 것이다.

사실 알고 보면 우리네 인생은 원래 허무한 것이다. 여기서의 허무는 인생의 본질적인 면을 얘기하는 것이다. 우리의 생명 에너지를 빼고는 우리네 인생에서 영원한 것은 아무 것도 없다. 그냥 '무無(nothing)'이다. 그런 의미에서의 허무를 말한다. 그러나 보통 사람들이 말하는 '허무'는 '아무런 의미가 없음'을 뜻한다. 그것은 인생의 본질을 모르기 때문에 하는 소리다.

인생은 원래 허무한 것이다

우리의 경험의 집합체(과거)인 '나'는 하나의 에너지 덩어리로서 인력을 가지기 때문에 자신을 유지하기 위해서 수많은 것들을 끌어당긴다. 그것이 바로 욕망이다. 간접적이든, 직접적이든, 경험되지 않은 것은 욕망이 될 수 없다.

그래서 '나(에고)'라는 것은 많은 욕망을 가지고 있는데, 그 욕망이 채워지지 않으면 자신은 아무 것도 아닌 존재가 되어 영원히 존재하지 못하고 죽을 것 같기 때문에, 그것이 뭐가 되었든 그 대상에 집착함으로써 스스로의 존재를 확인한다.

사람들이 무언가에 자꾸 의지하고 소속되려고 하는 것은 '나'가 자신을 유지하기 위해서이다. 여러분이 혼자 조용히 집에 있을 때, 여러분의 마음속을 들여다보라. 거기에 무엇이 있는가? 잘 들여다보라. 과연 무엇이 있는가? 아무 것도 없을 것이다. 다만, 어떤 욕망만이 꿈틀대고 있을 것이다.

'심심한데, 뭘 할까? 친구 만나러 갈까? 영화 보러 갈까? 비디오나 볼까? 낚시나 갈까? 어디에 갈까?'

그 내용들을 잘 분석해 보라. 여러분이 전에 다 경험해 본 것들이 기억으로 다시 떠오르면서 욕망이 되어 여러분의 마음을 부추기는 것이다. 그것은 전부 과거다. 과거의 기억이다. 그것이 바로 '나'다. 그것은 실체가 아니라 거울 속의 허상과 같은 것이다. 자라면서 생긴 것이다. 그것은 원래 '무無(nothing)'였다.

때문에 거기에다 아무리 많은 것을 집어넣어 봐야 채워지지 않는다. 그것은 한낱 그림자에 지나지 않는다. 여러분의 마음속에 있는 돈은 쓸 수가 없다. 마음속에 진짜 돈이 들어갈 수는 없는 법이다. 그런 허상을 잔뜩 집어넣고 있다. 원래 채워질 수 없는 것이기 때문에 욕심은 끝이 없다고 하는 것이다.

'나'는 결코 만족을 모른다. 우리의 본질인 생명 에너지는 원래 텅 비어 있기 때문에, 무엇으로도 채워질 수가 없다. 그것이 '허무'의 진정한 의미다. 니체가 말한 '허무주의(nihilism)'의 진정한 의미다. 그것은 죽음과 같은 것이다. 아무 것도 없기 때문이다. 텅 비어 있기 때문이다.

여러분의 마음속을 들여다보라. 떠다니는 생각을 멈추면 거기에는 아무 것도 없을 것이다. 육체 또한 우리의 본질이 아니기 때문에 그것도 원래는 '무無'이다.

그런데도 사람들은 이런 사실, 즉 자신이 원래 '아무 것도 아닌 존재, 생명 에너지 그 자체'임을 모르고, 자신이 아무 것도 아닌 존재(원래 죽음이란 이런 상태로 돌아가는 것임)라는 사실과 직면하는 것이 두려워, '나'의 욕망에 지배되어 자신의 텅 빈 마음속에 수많은 것을 집어넣고 집착하는 것이다. 그래야 자신이 영원히 존재할 것 같기 때문이다. 그러나 그것은 결코 영원할 수가 없다. 그것은 사람들의 착각일 뿐이다.

우리가 이 세상에서 배워야 할 유일한 것은 바로 사랑이다

그렇다면 우리는 과연 어떻게 살아야 하는가?

비유하여 얘기해 보자. 우리의 생명을 1이라고 하고, 각자의 인생을 0이라고 할 때, 진정한 인생은 10(생명의 뜻으로 사는 삶)이고, 허무한 인생은 01(생명의 뜻을 무시하고 '나'의 뜻으로 사는 삶)이다. 우리의 인생(0)이 의미가 있으려면 생명(1)을 앞에 놓고 우리의 인생을 생명(1) 뒤에 놓아야 한다. 그랬을 때 비로소 우리의 인생(0)은 의미 있는 인생(10)이 될 수 있다.

'나'의 욕망에 따르는 '내 멋대로의 삶'은 주변과 조화를 이루지 못하고 자신만을 생각한다. 아주 이기적이다. 그렇게 되면 그는 주변으로부터 사랑 받지 못하고 소외되고 고립된다. 그런 사람은 늘 불만이 가득하고 반항적이고 공격적이 된다. 그는 불행하다.

그에게서는 어떤 사랑도 흘러나오지 못한다. 그런 사람 옆에는 누구도 가고 싶어하지 않는다. 그것이 생명(사랑)의 뜻을 따르지 않은 데 대한 신(생명)의 벌이다.

그러나 만약 우리가 생명의 뜻을 우선으로 하여 사랑의 삶을 산다면 그는 주변으로부터 무한한 사랑을 받을 것이다. 그는 매우 행복할 것이다. 행복은 사람들과의 사랑 속에서 가장 진하게 느낄 수 있기 때문이다.

'뿌린 대로 거둔다. 인과응보'

이러한 말들은 그냥 하는 말이 아니다.

요컨대, 우리가 이 세상이라는 학교에서 배워야 할 유일한 것이 있다면 그것은 바로 사랑(생명)이다.

그것을 위해서는 '나(에고)'의 지배로부터 벗어나야 한다. 우리 인간에게 정말 원죄라는 게 있다면 그것은 바로 '나'로부터 벗어나지 않으면 안 되는 것, 그것일 것이다.

 **셀프힐링 포인트**

사람들은 자신이 원래 '아무 것도 아닌 존재, 생명 에너지 그 자체'임을 모르고, 자신이 아무 것도 아닌 존재(원래 죽음이란 이런 상태로 돌아가는 것임)라는 사실과 직면하는 것이 두려워, '나'의 욕망에 지배되어 자신의 텅 빈 마음속에 수많은 것을 집어넣고 집착하는 것이다. 그래야 자신이 영원히 존재할 것 같기 때문이다. 그러나 그것은 결코 영원할 수가 없다. 그것은 사람들의 착각일 뿐이다.

때문에 인생이 허무하지 않기 위해서는 자신의 생명(사랑)만을 믿고 살아야 한다.

죽음에 대하여

우리의 본질인 생명(사랑)은 결코 죽지 않는다.

죽음은 단지 우리의 본질이 아닌,

자라오면서 생겨난 것(육체와 '나')의 죽음일 뿐이다.

인간의 어리석음 중의 하나는, 죽음에 대해 대비를 하지 않는다는 것이다. 만약 내일 여러분의 집에 불이 난다고 하면 여러분은 모든 장비를 동원해서 불에 대한 만반의 준비를 할 것이다. 그런데도 사람들은 자신이 죽는다는 사실을 분명히 알고 있으면서도 죽음에 대해서는 거의 아무런 대비를 하지 않고 있다. 정말 아이러니가 아닐 수 없다.

그러면 먼저 죽음이 무엇인지에 대해서 탐구해 보자. 죽음을 알아야 그에 대한 대비도 할 수 있기 때문이다. 더 나아가, 죽음을 알아야 삶이 무엇인지도 알 수 있고, 삶을 제대로 살 수 있다. 우리가 철학을 해야 하는 이유는 바로 그것이 죽음을 연습하고, 죽음을 대비하는 것이기 때문이다.

죽음이란 곧 '나'의 죽음을 말한다

죽음에는 두 가지가 있다. 육체적인 죽음과 심리적인 죽음. 육체적인 죽음은 모두가 쉽게 알 수 있다. 앞에서도 언급했지만, 우리의 육체는 자라면서 생겨난 것이지 원래부터 존재했던 것은 아니다. 그것은 자연으로부터 온 것이기

때문에 다시 자연으로 돌아가야 한다. 흙(살, 뼈 등등), 물
(피, 콧물, 눈물, 침 등등), 불(몸의 열기), 공기(호흡), 허공(콧구멍
이나 허파의 빈 부분 등등)의 다섯 가지 요소로 되돌아가야 한
다. 이것이 바로 육체의 죽음이다.

한편, 심리적인 죽음은 바로 '나(에고)'의 죽음을 말한다.

우리가 보통 '나'라고 하는 것은 자라면서 경험해온 경
험의 집합체를 말한다. 그것은 결국 여러분의 과거요 기억
이다. 만약 여러분이 기억을 상실한다면 자신이 누구인지
어떻게 알겠는가? 얼굴이 같은 쌍둥이라도 그 생각은 서
로 다르다. 생각의 뿌리가 바로 그 사람의 경험의 집합체
이다. 그 경험의 집합체는 하나의 에너지 덩어리가 되어
'나'가 된다.

에너지는 물질이다. 물질은 물리物理를 따른다. 때문에
'나'라는 것도 마찬가지로 물질의 법칙을 따른다. 그 중에
만유인력이라는 것이 있다. '나'의 인력, 그것은 바로 욕
망이다. 그렇다면 심리적인 죽음이란 바로 이 '나'의 죽음
을 말하는 것이다. 이 '나'의 인력으로부터 탈출하는 것이
곧 '나'의 죽음이다.

그렇게 되면 '나'의 욕망이 사라진 그 자리에 우리의 생

명이 그 모습을 드러낸다. 언제부턴가 잃어버렸던 우리의 원초적인 세계, 순수하고 천진난만했던 그 시절에 존재했던 우리의 고향, 곧 태초의 생명과 하나가 되는 것이다. 불교에서는 이것을 <깨달음>이라 하고, 기독교에서는 <하나님의 나라, 내면의 천국>이라고 한다.

<깨달음>과 <하나님의 나라>로 가는 길은, '나(에고)'의 욕망에서 벗어남으로써 가능한 것이다. 그것이 바로 심리적인 죽음이다.

죽음을 두려워하는 것은 '나' 때문이다

우리가 보통 죽음을 두려워하는 것은 육체의 죽음도 죽음이지만 주로 경험의 집합체인 '나(에고)'의 죽음 때문이다.

육체 또한 우리가 자라면서 너무나 오랫동안 '나'와 육체를 동일시한 까닭에 육체를 '나'로 착각하게 된 것인데, 때문에 육체의 죽음을 '나'가 죽는다고 생각하여 두려워하는 것이다. 만약 기억을 상실하여 자신의 육체가 어떤 모습이었는지를 모른다면 쓰러져 있는 자신의 육체를 본다 하더라도 아무런 슬픔을 느끼지 못할 것이다. 그것조차도 과거의 경험이요 기억이요, '나'이다. 결국 '나'의 죽음인 것이다.

그러니까 우리가 죽음을 두려워하는 것은 죽음을 잘 모르기 때문이다. 그것이 육체적 죽음이든 심리적 죽음이든 그 죽음은 단지 우리의 과거의 경험의 집합체인 '나'가 죽는 것에 지나지 않는 것이다.

때문에 죽음에 대해 잘 모르는 어린아이들은 죽음을 별로 두려워하지 않는다. 그렇다면 죽음을 가장 두려워하는 사람은 누구일까? 그것은 '나'가 강한 사람, 즉 모든 것에 대해 집착과 욕망이 강한 사람이라고 할 수 있다. 그 집착과 욕망의 죽음을 두려워하는 것이다.

그러나 우리의 본질인 생명(사랑)은 결코 죽지 않는다. 죽음은 단지 우리의 본질이 아닌, 자라오면서 생겨난 것(육체와 '나')의 죽음일 뿐이다.

때문에 우리는 죽음에 대해서 전혀 두려워할 필요가 없다. 그러기 위해서는 자신의 본질은 생명이며, '나'는 실체가 없는, 단지 거울 속의 허상과 같은 것이라는 것을 자각하여 그 허상의 지배로부터 벗어나는 것이 중요하다.

원래 이 자연에는 나쁜 것이 없다. 나쁘다고 생각하는 것은 우리의 주관일 뿐이다. 사고사가 아닌 자연사는 아주 좋은 것이다. 우리의 육체가 더 이상 쓸모가 없고 고통만 당하고 있다면 그것은 정말 괴로울 것이다. 그 고통으로부터 벗어나게 해 주는 것이 곧 죽음이다. 그것은 결코 두려워할 게 못 된다.

악취가 나쁜가? 아니다. 악취가 있음으로써 우리는 그것이 상했다는 것을 알고 먹지 않게 되는 것이다. 만약 음식이 상했는데도 악취가 나지 않는다면 우리는 배탈이 나거나 식중독에 걸릴 수밖에 없을 것이다.

육체적, 정신적 고통도 마찬가지다. 발에 못이 박혔는데도 고통을 못 느낀다면 그 발은 곧 썩어버릴 것이다. 마음의 고통이 있음으로써 우리는 좀 더 고통이 없는 생활을 추구하게 되는 것이다.

때문에 자연에서 일어나는 모든 일은 항상 전체의 조화와 균형, 그리고 좀 더 나은 진화를 위한 것이라고 할 수 있다. 자연스런 죽음, 그것은 전혀 두려워할 게 못 된다.

 **셀프힐링 포인트**

우리의 본질인 생명(사랑)은 결코 죽지 않는다. 죽음은 단지 우리의 본질이 아닌, 자라오면서 생겨난 것(육체와 '나')의 죽음일 뿐이다. 때문에 우리는 죽음에 대해서 전혀 두려워할 필요가 없다. 그러기 위해서는 자신의 본질은 생명이며, '나'는 실체가 없는, 단지 거울 속의 허상과 같은 것이라는 것을 자각하여 그 허상의 지배로부터 벗어나는 것이 중요하다.

삶의 본능과 죽음의 본능에 대하여

우리의 경험의 집합체인 '나(에고)'는
원래 실체가 아니고 허상이기 때문에 영원할 수 없다.
부분이 영원하려면, 전체와 하나가 되어야 한다.
이렇게 개체가 전체와 하나가 되려고 하는 것, 그것이 곧 죽음의 본능이다.

프로이트에 의하면, 우리에게는 삶의 본능(에로스)과 죽음의 본능(타나토스)이 있다고 한다. 어떻게 이런 서로 모순되는 본능이 존재하는 것일까?

여러 번 언급한 바 있지만, 우리 마음속에는 우리가 자라오면서 쌓인 경험의 집합체가 있는데, 그것이 곧 우리가 흔히 말하는 '나(에고)'라는 것이다. 이것도 하나의 에너지요 물질이다. 때문에 심리(마음의 이치)에는 물리(물질의 이치)가 그대로 적용된다.

그래서 우리의 '나(에고)'도 인력과 함께, 스스로를 유지하려는 관성을 갖는다(관성의 법칙). 그것은 물방울이 자신

을 유지하려고 하는 것과 같다. 이것이 바로 삶의 본능
(eros)이다.

만약 이런 삶의 본능이 너무나 극심한 고통과 좌절을 겪
게 되면 '나'는 자신의 유지를 포기하고 죽음을 택한다.
그것이 곧 자살이다. 다시 말하면, '나'가 자신을 유지하
려고 발버둥 치다가 더 이상 지탱할 수 없는 지경이 되면,
자신의 태초의 생명의 고향, 아무런 고통도 없고 평화와
자유가 가득한 모태로 회귀하려는 본능이 작용한다. 이것
이 바로 죽음의 본능(thanatos)이다.

결국 자살이란, 삶의 본능의 좌절임과 동시에 결과적으
로는 태초의 안정된 세계, 아무런 고통이 없는 세계, 즉 모
태로 회귀하려는 본능이라고 할 수 있다.

사랑은 곧 죽음의 본능이다

또 한편으로, 우리에게는 전체와 하나가 되려는 본능이
있다. 부분이 전체와 평형을 유지하려면 전체와 하나가 되
어야 한다. 삼투 작용은 그래서 일어나는 것이다.

우리의 경험의 집합체인 '나(에고)'는 원래 실체가 아니고 허상이기 때문에 영원할 수 없다. 부분이 영원하려면, 즉 안정되려면 전체와 하나가 되어야 한다. 물방울이 영원하려면 바다와 하나가 되어야 하듯이. 이렇게 개체가 전체와 하나가 되려고 하는 것, 물방울이 바다와 하나가 되려고 하는 것, 그것이 곧 죽음의 본능이다. '나'가 죽어야 하기 때문이다. 이 죽음의 본능이 곧 사랑이다.

우리 인간이 그토록 사랑을 원하는 것은 바로 '나'가 일으키는 고통에서 벗어나려고 하기 때문이다. 사랑 속에서는 더 이상 '나'가 존재할 수 없기 때문이다. '나'가 죽은 그 자리에 '사랑(생명)'이 비로소 제 모습을 드러내는 것이다.

'나(에고)'의 죽음, 그것이 곧 사랑이다. 그것이 진정한 부활이다. 진정한 부활은 '나'가 죽고 '사랑(생명)'이 부활하는 것을 말한다.

셀프힐링 포인트

우리 인간이 그토록 사랑을 원하는 것은 바로 '나(에고)'가 일으키는 고통에서 벗어나려고 하기 때문이다. 사랑 속에서는 더 이상 '나'가 존재할 수 없기 때문이다. '나'가 죽은 그 자리에 '사랑(생명)'이 비로소 제 모습을 드러내는 것이다. '나(에고)'의 죽음, 그것이 곧 사랑이다. 그것이 진정한 부활이다. 진정한 부활은 '나'가 죽고 '사랑(생명)'이 부활하는 것을 말한다.

신에 대하여

우리의 본질은 사랑(생명) 그 자체이다.

우리는 애초부터 사랑 속에 있었다.

그런데도 사람들은 그 사실을 모르고 밖에서 사랑을 찾고 있다.

자신 안에 사랑이 있다는 것을 깨닫지 못하고

밖으로 사랑을 찾아 헤매고 있다.

그것은 마치 물고기가 물속에서 살면서 목말라하는 것과 같다.

대부분의 사람들이 가진 어리석음 중의 하나는, 지식을 실체로 알고 살고 있다는 사실이다. '신'이라는 말도 사실은 실체가 없는 말이다. 아주 관념적이고 추상적인 말이다.

'신'이라는 말은 나라마다 그 표현이 다르다. 그것은 한낱 언어에 불과하다. 그것은 상징에 불과하다. 그것은 어떤 눈에 보이는 존재를 말하는 것이 아니다. 그것은 이 우주 자연을 지배하는 눈에 보이지 않는 섭리나 이치를 상징화한 것일 뿐이다. 그것은 각종 종교와 철학에서 달리 표현되기도 한다.

<사랑, 내면의 천국, 하나님의 왕국, 여호와, 야훼, 한울님, 생명, 우주 의식, 지고의 영, 포괄자(das umgreifende), 이데아, 궁극적 실재, 브라만, 진리, 빛, 깨달음, 열반(nirvana), 도道, 아트만(진아), 불성, 하늘 등등>

이들 단어들의 의미가 완전히 일치되는 것은 아니지만, 거의 비슷하다고 보면 된다.

'<신>은 모든 존재 속에 숨어 있다.'

'<천국>은 그대들의 내면에 있다.'

'너희들에게 <신과 같은 권능>이 있음을 일러주러 왔노라.'

'너를 부인하고 〈하늘〉의 뜻을 따르라.'

이 모두가 바로 생명 에너지의 다른 표현이다.

신은 모든 존재 속에 숨어 있는 생명이다

신(생명, 사랑)은 전기와 같은 것이다. 우리 눈에 보이는 것이 아니다. 비유하여 설명해 보면, 여기에 우주 발전소가 있다고 하자. 이 발전소에서는 우주에 있는 모든 존재들에게 생명 에너지라는 전기를 공급해 주고 있다. 우주 발전소는 어떤 다른 에너지에 의해서 가동되는 것이 아니라, 그 자체의 사랑(생명)이라는 에너지에 의해 자가 발전되는 것이다.

그러니까 우주 발전소 자체는 하나의 커다란 생명이라고 할 수 있다. 생명 에너지가 공급되지 않으면 그 존재는 더 이상 자신의 존재를 유지할 수 없다. 그것이 곧 죽음이요 소멸이다.

모든 존재에는 이런 생명 에너지가 숨어 있다. 우리 인간에게도 생명 에너지가 공급되고 있다. 생명이 없으면 우리는 존재할 수 없다.

그러나 우리는 자신에게 생명이 있음을 잘 느끼지 못하고 있다. 그냥 살아 있을 뿐이지, 자신을 떠받쳐 주는 어떤 불변의 에너지가 있다는 것은 거의 자각하지 못하고 있다. 그것은 마치 물고기가 물을 느끼지 못하는 것과 같다.

사실, 물고기가 물을 느낀다는 것은 엄청나게 어려운 일이다. 마찬가지로 우리 인간이 자신의 생명을 자각한다는 것도 엄청나게 어려운 일이다.

우리의 본질은 사랑 그 자체이다. 우리는 애초부터 사랑 속에 있었다. 그런데도 사람들은 그 사실을 모르고 밖에서 사랑을 찾고 있다. 자신 안에 사랑이 있다는 것을 깨닫지 못하고 밖으로 사랑을 찾아 헤매고 있다. 그것은 마치 물고기가 물속에서 살면서 목말라하는 것과 같다. 물고기가 물속에서 물을 찾고 있는 모습, 그것은 얼마나 우스운가. 우리 인간이 바로 그런 식의 어리석음을 범하고 있는 것이다.

때문에 우리가 사랑의 목마름에서 영원히 해방되기 위해서는 우리 자신 안에 있는 생명(사랑)을 찾지 않으면 안 된다.

'생명(사랑)'은 영원한 에너지다. 물리학에서는 에너지 불변의 법칙을 얘기하고 있다. 에너지는 죽지 않는다. 그것은 빛과 같다. 빛은 상대적인 세계를 벗어나 있다. 그것은 절대적인 세계다. 다만 그 형태만이 끊임없이 변해갈 뿐이다. 우리에게도 이런 빛, 즉 불변의 생명 에너지가 숨어 있다.

나는 곧 생명이다

여러분이 살아 있고 몸이 정상이라면, 보고 듣고 말하고 맛보고 느낄 수 있다. 그렇다면 그 주체는 누구인가? 눈? 귀? 입? 혀? 몸? 그럼 시체도 보고 듣고 말하고 맛보고 느낄 수 있는가? 아니다. 눈과 귀와 입과 혀와 몸은 단지 매개체일 뿐이다. 그것을 인식하는 주체, 그것은 과연 무엇인가? 그 깨어 있는 의식은 과연 무엇인가? 여러분의 마음을 지켜보는 자는 누구인가? 바로 생명이다. 생명이 없으면 감각도 없다.

그것은 여러분이 어렸을 때나 지금이나 조금도 변함없

이 여러분을 지켜주고 있다. 여러분의 생각이나 몸은 끊임 없이 변해 왔을지라도, 그런 변화의 밑바탕에 존재하는 '나' 라는 존재 감각은 예나 지금이나 그대로이다.

여러분이 거울을 보지 않고, 아무런 생각을 하지 않고 있을 때는 여러분은 그냥 '살아 있음(생명)' 그 자체이고, 보이는 대상과 하나가 된다. 거기에는 대상과 의식(이 때는 대상과 의식이 하나 된 상태)만 존재하지, 대상과의 분리를 느 끼는 '나'는 더 이상 존재하지 않는다. 이렇게 '완전히 깨 어 있는 의식', 이것이 곧 생명이다.

인도의 성자 라마나 마하리쉬는 [나는 누구인가]라는 책에서 다음과 같이 말했다.

제자 : <나>는 누구입니까?

라마나 마하리쉬 : 뼈와 살로 이루어진 이 몸은 <나>가 아니다. 시각, 청각, 후각, 미각, 촉각 등의 다섯 가지 감각 기관은 <나>가 아니다. 말하고, 움직이고, 붙잡고, 배설하 고, 생식하는 다섯 가지 운동 기관은 <나>가 아니다. 호흡 등의 다섯 가지 기능을 수행하는 프라나(prana, 기氣) 등의 다섯 가지 기氣는 <나>가 아니다. 생각하는 마음도 <나>가

아니다. 내면에 잠재되어 있는 무의식도 <나>가 아니다.

　제자 : 이 모든 것이 <나>가 아니라면 <나>는 누구입니까?

　라마나 마하리쉬 : 이 모든 것들을 '<나>가 아니다' 라고 부정하고 나면, 그것들을 지켜보는 각성(awareness) 만이 남는다. 그것이 바로 <나>다.

　✽여기서의 <나>는 '나(에고)' 와는 다름.

　이 <나>가 바로 생명이다. 이 '생명(사랑)' 은 항상 여러분과 함께 있다. 어떤 상황 속에서도 여러분을 지켜 주고 있다.

　생명(사랑)의 능력은 전지전능하다. 밥을 먹으면 소화시켜 주고, 상처가 나면 낫게 해주고, 위험이 다가오면 미리 가르쳐 준다(이 능력은 특히 동물들을 보면 잘 알 수 있다. 인간은 '나' 라는 것 때문에 그 능력이 제대로 발휘되지 못하고 있다).

　그런데도 우리는 자기 힘으로 모든 것을 하고 있다고 착각하고 교만에 빠지기도 하고, 좌절하기도 한다. 그것은 바로 '나' 가 벌이는 짓이다.

　그러나 우리가 어느 날 갑자기 죽어 버리면 그 무엇도 할 수 없다. 죽음은 우리 힘으로 어떻게 할 수 없는 것이다.

그것은 신(생명)의 영역이다. '나'에게는 선택권이 없다.

이 우주에 하나의 법이 있다면 그것은 곧 사랑이다

이 우주는 사랑(생명)이라는 에너지에 의해 운행되고 있다. 그 힘은 조화와 균형을 속성으로 하고 있다. 때문에 우주는 그 오랜 시간 속에서도 부서지지 않고 영원할 수 있는 것이다.

이 우주에 하나의 법이 있다면 그것은 곧 사랑이다. 우리가 죽어서 신에게 간다면 신은 한 가지만 물을 것이다.

"너는 그 행위를 사랑으로 했느냐?"

그것이 만약 사랑이 아니었다면 그는 살아 있을 때, 자신의 생활 속에서 스스로 고통을 겪었을 것이다. 그것이 신의 벌이다. 신에게 그 외의 법은 없다. 인간 세계의 법과는 차원이 다르다. 사람을 죽여도 사랑으로 했다면 하늘의 법에서는 죄가 되지 않는다.

시한부 인생의 사람이 너무나 극심한 고통 때문에 자신을 죽여 달라고 했을 때, 그 모습을 차마 볼 수 없었던 담당

의사가 약을 주사하여 죽임으로써 그를 고통으로부터 해방시켰다면, 그것은 하늘에서는 죄가 되지 않는다. 사랑과 연민으로 한 행위이기 때문이다. 그러나 '나'를 위해서 한 행위라면 죄가 된다.

그래서 누군가 모든 것을 잃고도 진정한 사랑을 터득했다면 그는 세상 모든 것을 얻은 것과 같다. 그에 비하면 다른 모든 것들은 너무나 허망한 것이다.

때문에 우리 인간이 이 세상에 태어나서 반드시 성취하지 않으면 안 되는 것은 바로 이 '사랑(생명)'이다. 그것은 우리 인생의 유일한 목적이기도 하다.

셀프힐링 포인트

우리의 본질은 사랑(생명) 그 자체이다. 우리는 애초부터 사랑 속에 있었다. 그런데도 사람들은 그 사실을 모르고 밖에서 사랑을 찾고 있다. 자신 안에 사랑이 있다는 것을 깨닫지 못하고 밖으로 사랑을 찾아 헤매고 있다. 그것은 마치 물고기가 물속에서 살면서 목말라 하는 것과 같다. 때문에 우리가 사랑의 목마름에서 영원히 해방되기 위해서는 우리 자신 안에 있는 생명(사랑)을 찾지 않으면 안된다.

자유와 행복을 여는 지혜의 문

깨달음의 대중화 · 깨달음의 생활화 · 깨달음의 사회화

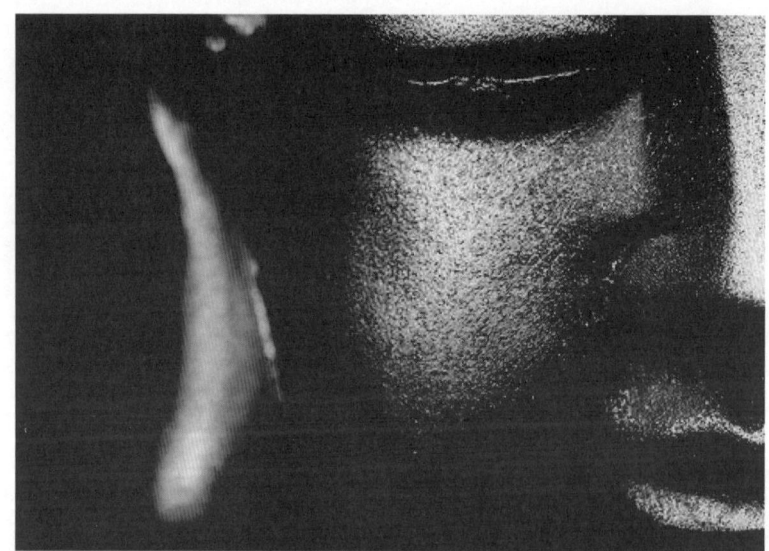

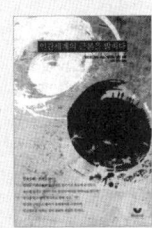

「원인론」과 「발미록」을 번역·해설한

인간세계의 근본을 밝히다

정목스님 번역·해설 | 신국판 | 양장 | 2도칼라 | 348쪽 | 20,000원

선교회통의 전범이자 팔만장경의 축소판

먼저 중요한 교상판석들의 개요를 보였다. 선교일치禪敎—致를 주창한 규봉종밀(780~841) 선사의 「원인론」은 원문을 실어서 번역하였다. 정원 (1011~1088) 법사가 「원인론」을 해설한 「발미록」은 원문을 번역하여 옮기고, 중요한 글은 원문을 실었으며, 각 장마다 요점을 정리하고 해설하였다.

불교심리학의 정수

유식삼십송唯識三十頌 강의

이계묵 역해 | 246*178 | 흑백 | 332쪽 | 15,800원

마음 밖에 따로 대상이 없음을 설한 대승 심리논서

대소승을 막론하고 유식삼십송은 불자라면 꼭 연구해야 할 필독서다. 마음을 깨달아 안심安心을 얻고 완전한 자유를 얻는 불교심리학의 정수가 바로 이 경전에 담겨 있는 까닭이다. 여기 유식삼십송 해설은 동학사 강원본을 참조하였으며 일본 龍名大學 불교학 교수인 深浦正文의 唯識三十頌論 解說本을 관응노사가 번역한 譯本을 참고하여 현대어로 풀어 엮었다.

Swallow all beings Eject emptiness 금강경 묘해妙解

존재를 삼켜 허공을 뱉아라

묘봉운륵 송주(頌主) | 신국판 | 흑백 | 768쪽 | 28,000원

조사선으로 푼 漢·英·韓 금강경 지침서

덕숭총림 수덕사 초대방장 혜암(惠菴) 선사의 법을 이은 묘봉 스님이 금강경에 대한 주석(註釋)을 달고, 선禪의 안목을 담아 독자적인 견해를 게송 형식으로 드러낸 금강경 수행지침서이다. 금강경의 한문 원문을 영문과 한글로 독창적으로 번역하고, 이를 다시 풀이하여 중요한 부분을 다시 영역한 漢·英·韓 금강경 해설서이기도 하다.

선가한화禪家閑話

설봉도인 무문관 평송

설봉학몽 평송·심성일 역주 | 변형신국판 | 흑백 | 288쪽 | 14,000원

선종 최후의 공안집 '무문관無門關'의 빗장을 풀다!

무문혜개 선사의 선문답집인 〈무문관〉 48칙 공안에 대해 한국의 설봉 스님이 독자적인 안목으로 평과 송을 붙인 선어록. 역주자는 설봉 스님이 남긴 법어와 평송을 바탕으로 촌철살인으로 직지인심(直指人心)할 수 있는 기연이 될 만한 선화들을 덧붙여 편역했다.

생사해탈의 관문

선문촬요 禪門撮要

묘봉 찬주 · 견우회 엮음 | 변형크라운판 | 흑백 | 452쪽 | 15,500원

본래성품 깨달아 인간성 회복하는 핵심 禪법문

《선문촬요》는 한국 선종의 중흥조인 경허(1849~1912)선사가 엮은 대표적인 선어록. 혜암선사가 편역한 달마혈맥론(達磨血脈論), 달마관심론(達磨觀心論), 보조수심결(普照修心訣), 보조진심직설(普照眞心直說), 선경어(禪鏡語)의 한문 원문에 토를 달아 번역하고 주석을 달았으며, 한자마다 한글 음을 달아 독송하기에도 편하다.

나의 선지식

엄마의 사계절

도정 지음 | 신국판 | 2도칼라 | 152쪽 | 10,000원

염불 · 독경하던 아흔의 엄마는 관음보살님이었다

'우리 시대의 효경이자 부모은중경'으로 권해드리고 싶다. 이 책을 통해 자신을 되돌아보며 참된 가족의 의미를 되살려 효도를 실천한다면 우리 사회는 더욱 밝고 아름답게 변할 것이다.(정병국 국회의원)
도정님이 쌓아온 수행의 길 25년, 아흔의 엄마를 향한 효 실천 수행의 3년은 심신이 지친 현대인들에게 참 수행의 길, 생활 속의 마음공부는 어떻게 해야 하는지에 대한 해답이다.(민병두 국회의원)

베풂의 법칙

김주수 지음 | 4*6판 | 2도칼라 | 272쪽 | 12,000원

나와 세상을 바꾸는 지혜와 치유의 '행복 우화'

삶의 진정한 행복과 성장은 베풂 속에 있다는 것을 훈훈하고 재미있는 일화를 바탕으로 들려주는 지혜와 치유의 소설이자 자기계발서이다. 삶의 고통 속에 빠져 있던 김시헌은 운외옹이라는 현자를 만나 베풂의 법칙에 대한 깊은 가르침을 받고서, 의식의 변화와 삶의 변혁을 이루게 된다. 다양한 일화들이 삽화처럼 엮어있어, 시종 액자식 스토리텔링으로 내용이 전개되어 읽는 재미와 공감의 폭을 더한다.

반야심경과 해탈열반시(解脫涅槃時)

주시자, 관자재보살로 사는 법

동암스님 지음 | 신국판 | 2도칼라 | 216쪽 | 12,000원

'자아'의 두꺼운 껍질 뚫고 관찰자 · 순수의식 발견하는 길

궁극적인 깨달음을 상징하는 그 '달'이란 우리가 '나라고 생각하는 '자아(ego)'의 두꺼운 껍질을 넘어 관찰자, 순수의식으로 말해지는 우주와 인간의 바탕을 우리 속에서 발견하는 것을 말한다. 그것을 체득하기 위해서는 오온(五蘊)이라는, 자아를 이루는 것들의 두꺼운 껍질을 뚫어보는 과정이 필요하다. - 정신과 전문의 김자성 박사(동인 동인병원)

육조단경과 자성 보는 법
무엇이 그대의 본래 얼굴인가?

묘봉 찬주, 견우회 엮음 | 신국판 | 2도 | 406쪽 | 17,500원

등신불 육조 혜능대사의 최상승 법문 공부

《육조단경》을 번역 해설하고 상세한 주석을 붙인 것은 물론, 해당 법문과 연관된 선화(禪話)와 선문답(禪問答)까지 첨부해서 현장성 있는 선수행 지침서가 되도록 했다. 특히 《단경》 가운데 마음을 곧바로 깨닫도록 하는 직지인심(直指人心)의 '자성(自性)' 보는 법을 따로 편집해 참선수행과 결부시켜 강설한 것은 보기 드문 역작이 아닐 수 없다.

구하지 않는 삶 그 완전한 자유

윤기붕 지음 | 신국판 | 칼라 | 416쪽 | 14,000원

목마르지 않는 자는 '지금 여기'
있는 그대로 완전한 자유를 누린다

"놓아라! 구하지 마라! 있는 그대로를 수용하라!"삶 속에서 자유와 행복을 얻은 한 구도자의 체험기! 극도의 우울증으로 수없이 자살을 생각했던 저자는 치열한 고민과 구도 과정에서 그러한 생각의 허망한 속성을 깨닫고 마침내 자유를 얻어, 그 행복을 나누고자 한다.

덕숭산 혜암 대선사 법어
바다 밑의 진흙소 달을 물고 뛰네

묘봉 감수, 견우회 엮음 | 신국판 | 흑백 | 328쪽 | 14,000원

수덕사 초대방장 및 '서양의 초조(初祖)', 경허·만공 선사의 법을 이은 '백세 도인' 혜암 선사의 법어와 선문답을 모은 이 법어집에는 혜암 선사의 구도와 깨달음, 전법의 과정에서 일어난 언행이 흥미진진하게 펼쳐져 있다. 호랑이에 대한 공포심도 이겨낸 삼매의 힘, 관음정근으로 불치병을 고친 제자의 이야기, 소를 타고 소를 찾는 도로 깨친 노스님의 일화 등 선사가 체험한 일화와 구도기가 발심을 자아낸다.

생활 속의 법화경·보왕삼매론 공부
있는 그대로 보아라

허정 지음 | 신국판 | 2도 | 360쪽 | 15,000원

여실지견·조고각하의 생활선 지침서

"있는 그대로가 평등이고 보이는 그대로가 진리입니다."
부처님 최후의 진실한 가르침인 법화경과 불자들에게 가장 인기 있는 법문인 보왕삼매론, 알쏭달쏭한 선(禪)을 주제로 한 허정스님(파주 약천사 주지)의 생활법문들은 살며 사랑하고 깨우쳐가는 행복한 불자가 되는 길을 명쾌하게 제시한다.

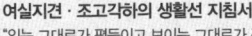

오룡골 백송(白松)의 안심과 희망의 메시지

일체가 아미타불의 화신이다

정목 지음 | 신국판 | 칼라 | 280쪽 | 14,000원

'우리 시대의 원효'가 들려주는 정정취의 깨달음

91년 범어사 승가대학을 수료하고 강사 소임을 역임한 스님은 92년 전수염불 정진 중 염불삼매를 얻었으며, 98년 중앙승가대학교를 졸업한 해 하안거 정진 중에 관불삼매를 체험했다. 2004년 양산 오룡골에 정토원(055-375-5844)을 설립한 스님은 '아미타파(cafe.daum.net/amitapa)'에서 염불 수행자들을 온-오프 라인을 통해 지도하고 있다.

타방정토와 유심정토를 포용하는

일심정토 염불수행

정목 지음 | 변형 신국판 | 칼라 | 232쪽 | 13,000원

지혜와 공덕 성취하고 환경과 의식 창조하는 생산적인 道!

원효 대사의 일심정토 염불수행은 독창적인 정토사상이요 순수한 한국불교이며, 중생을 구제하는 가장 대중적인 수행법이다. 염불삼매와 관불삼매를 성취한 정목 스님은 누구든지 염불수행을 통해 안심을 얻고 깨달음을 성취할 수 있도록 대승불교의 신행체계를 확립했다.

'한국의 유마' 백봉거사 선어록

허공의 주인공

전거홍 지음 | 46판 | 흑백 | 360쪽 | 10,000원

'생사문제' 해결해 누리의 주인으로 사는 법

죽음이라는 문제에 부딪혀 절망적이었던 저자(청봉 전거홍)가 스승인 백봉 김기추(1908~1985) 거사의 설법과 수행 방편을 통해 문제를 해결해 나가는 과정에서 직접 듣고 느꼈던 법문 내용을 소개해 현재 그와 같은 과정을 겪고 있는 독자들에게 도움이 되고자 집필했다. 저자가 직접 보고 들은 진솔한 수행담이 감동을 자아낸다.

한국의 유마 백봉 거사와 제자들

공겁인(空劫人)

최운초 지음 | 신국판 | 부분 칼라 | 440쪽 | 16,500원

20세기 '한국의 유마 거사'로 추앙받는 백봉 김기추(白峰 金基秋) 거사는 50세가 넘어 불교에 입문했지만 용맹정진으로 단기간에 큰 깨달음을 얻었고, 이후 20여 년을 속가에 머물면서 거사풍(居士風) 불교로 후학지도와 중생교화에 힘쓴 탁월한 선지식. 백봉 거사 문하 제자들의 각고의 노력, 스승의 인간적 면모와 제자들의 고뇌, 그리고 화두 타파와 깨달음, 스승의 인가에 대한 가감 없는 기록을 통해 마음공부의 한 길을 제시했다.

초기선종 동산東山법문과 염불선

박건주 지음 | 변형신국판 | 흑백 | 256쪽 | 13,000원

4조도신 〈입도안심요방편법문〉과
5조홍인 〈수심요론〉·〈능가인법지〉 첫 역주·해설

중국선종은 제4조 도신대사와 제5조 홍인대사의 이른바 동산(東山)법문에서부터 염불법문을 펼쳤다. 본서에서는 1세기 전 돈황에서 새로 발견된 도신대사의 〈입도안심요방편법문〉과 홍인대사의 〈수심요론〉, 〈능가사자기〉에 전하는 〈능가인법지〉의 원문을 국내 최초로 역주 해설하면서 염불선이 어떠한 행법인가를 자세히 해설했다.

선종 염불선 법문과 깨달음 (念佛者是誰)

염불하는 이것이 무엇인가?

덕산 스님 지음 | 신국판 | 흑백 | 270쪽 | 13,000원

역대 선사들의 선정불이(禪淨不二) 법문 제시

염불선의 공(空)을 체험한 덕산 스님은 4조 도신대사, 6조 혜능대사, 보조 국사, 태고 선사, 서산 대사, 경허, 선사 등 역대 선사 18인의 염불선 법문을 제시해 수행자들의 발심을 돕고 있다. 선사들은 선(禪)과 염불(淨)이 둘이 아닌 선정불이(禪淨不二)의 법문을 통해 자력(自力)과 타력(他力) 이 둘이 아닌 염불삼매와 일상·일행삼매를 밝히고 있다.

관음선 수행이야기

빛과 소리

석암 지음 | 46판 | 흑백 | 392쪽 | 12,800원

'빛과 소리' 통해 내면과 우주 통합하는 관음염불

조계종 은해사로 출가, 남해 보리암에서 염불수행을 시작해 운부암, 태안사, 대승사 등 제방선원에서 참선한 저자는 월악산 한 암자에서 관음염불로 각고(刻苦) 정진하던 중 삼매(三昧)의 눈을 떴다. 최근 강원도 양구에 관음선원(070–4215–4163)을 창건, 수행과 전법에 매진하고 있다.

단박 깨닫는 마조록 공부

있는 그대로 완전한 자유

원오 역해 | 신국판 | 흑백 | 240쪽 | 13,000원

마조 대사의 법어와 선문답을 처음 해설하다

조사선의 실질적인 개창자인 마조도일(709–788) 대사의 법문과 선문답, 구도기를 국내에서 처음으로 번역·해설한 책. 그간 국내 및 일본에서 《마조록》에 대한 번역이나 주석서가 몇 권 나온 바 있으며 오쇼 라즈니쉬가 인도 명상의 입장에서 해설을 시도한 적은 있지만, 국내의 선(禪) 수행자가 직접 해설한 것은 이번이 처음이다. 저자인 원오 스님은 화두에 대한 파설(破說)에 유의하면서 공부의 지름길을 제시했다.

내면의 잠재력 퍼올리는 코칭, 그 마중물의 힘

잠자는 사자를 깨워라

허달 지음 | 신국판 | 2도 | 224쪽 | 13,500원

이 책은 동서고금 일화와 필자의 실제 경험을 유머러스하게 등장시켜, 코칭의 원리와 실제를 엮어 짠 튼실한 직조물인 동시에, 빛나는 문체와 문학적 소양으로 써낸 주옥같은 수필 모음이기도 하다. 코칭이 기업경영, 조직운영뿐 아니라 일상생활에 두루 활용될 의사소통의 해결책을 찾아주는 비법이란 주장에 동의하며 일독을 권한다. – 조정남 (주) SK텔레콤 고문, 부회장

경영자코치 허달이 푼 최종현사장학

천년 가는 기업 만들기

허달 지음 | 변형신국판 | 268쪽 | 2도 | 13,000원

SK그룹 최종현 회장의 천년 경영 비급

SKMS(SK Management System)는 SK그룹의 경영 철학이자 관리 체계이다. '최종현 사장학'이라고 할 수 있는 SKMS를 저자는 '일의 도(道)'라는 말로 표현한다. 경영 관리는 SKMS로 하되, 그 달성 수준에 있어서는 SUPEX(Super Excellent: 인간이 추구할 수 있는 최고의 수준)를 추구하는 것, 그것이 바로 지금의 SK그룹을 있게 한 원동력이다.

짧은 글에서 얻는 행복한 깨우침

힘내라, 얍!

남불 지음 | 변형 신국판 | 흑백 | 220쪽 | 11,000원

오만 가지 생각을 희망으로 이끌어 주는 짧고도 깊은 울림

BBS의 앵커 출신으로, 동기부여 강사로, 희망 전도사를 자처하는 저자는 "나에게 힘이 되는 일이라면 나는 뭐든지 할 수 있다!"고 말한다. 이 책에서 무수히 변주되는 그의 "할 수 있다."에는 깊은 울림이 있다. 삶의 아수라장을 헤치고 살아온 사람만이 가질 수 있는 진솔하고도 강인한 메시지로 독자들의 마음을 파고든다.

백장선사의 법어와 선문답 최초 해설

백장록 강설

원오 역해 | 신국판 | 흑백 | 528쪽 | 20,000원

하루 일하지 않으면 하루 먹지 않는다

그동안 혜능, 마조, 임제, 조주선사 등의 선어록은 해설본이 출간된 적이 있지만 백장선사의 어록이 강설된 것은 이번이 처음. 원오 스님은 당신의 공부와 깨침을 바탕으로 번뜩이는 지혜와 유머가 가득한 선문답을 원문의 깊은 뜻과 멋을 살려 흥미롭게 도움말(보설)을 주고 있다. 특히 간화선의 뿌리인 조사선의 마음공부(無心法)를 독자적으로 드러냈다.

있는 그대로의 세상과 나를 본다

카메라로 명상하기

임민수 지음 | 148×200mm | 컬러 | 224쪽 | 14,000원

이 책은 '카메라'를 성찰의 도구로 활용, 다른 사람의 눈으로 중계된 것이 아니라 자신의 눈으로 있는 그대로의 세상과 나를 다시 보는 방법을 안내한다. 군더더기 없이 간결한 글과 함께 실린 명상 사진들이 독자들의 시선을 한동안 붙잡는다. 특정한 주제를 갖고 찍은 것이 아니라 일상에서 우연히 맞닥뜨린 순간을 포착한 사진들로, 카메라를 명상의 도구로 사용하려는 이들에게 구체적으로 어떻게 실현 가능한지를 보여주고 있다.

치과의사가 들려주는 선을 통한 인생경영

선(禪)을 통한 인생경영

최우환 지음 | 국판 | 컬러 | 280쪽 | 14,000원

**참선 · 금강경 독송의 힘으로 풀어낸
더불어 행복한 성공전략!**

최우환 궁플란트치과 대표원장이 조석으로 《금강경》을 독송하고 좌선하며, 보살행을 실천한 힘을 바탕으로 바쁜 치과의사 생활을 하며 살아온 나름의 성공 노하우를 선(禪)적 관점에서 풀어냈다. 분주한 현대인들의 마음에 삶의 여유와 잔잔한 행복, 참된 성공에 대한 자신감이 스며들 수 있도록 실질적인 도움이 되도록 엮었다.

김영옥의 이야기가 있는 미술치료기법

만다라 미술치료 워크북

김영옥 지음 | 210*210mm | 칼라 | 264쪽 | 14,000원

**보고 그리기만 해도 치유를 일으키고 감정이 정화되는 책
드로잉회화에서 나온 만다라문양이 집중 · 몰입 · 명상으로 안내**

'마음자리 그림숲 힐링센터' 김영옥 원장은 5회의 만다라 개인전과 미술치료 임상경험을 바탕으로 '김영옥의 이야기가 있는 미술치료기법'
– 《만다라 미술치료 워크북》을 펴냈다.

인생의 등불 · 삶의 지침이 되는 자기계발서

화날 때 5분 멘토 – 힐링백과사전

정윤규 지음 | 4*6판 | 흑백 | 384쪽 | 12,000원

자기계발서의 핵심주제들을 통찰 · 요약한 힐링백과사전!

한 권의 책으로 엮은 자기계발서라도 핵심주제는 한두 페이지로 압축이 가능하나, 이 책은 수십 권 이상의 힐링관련 자기계발서의 핵심주제들을 요약한 셈이다. 그렇다고 수박 겉핥기식으로 넘긴 것은 아니고 경험에서 오는 지식에 깊은 통찰의 눈으로 정리해서 독자는 새로운 느낌을 많이 발견할 수 있다. 인생의 등불로서 그리고 삶의 의미를 찾는 지침서로서 늘 곁에 둘만하다.

인권 없는 평화는 공허하다
원불교, 인권을 말하다

정상덕 · 김기남 공저 | 신국판 | 부분칼라 | 342쪽 | 14,000원

처처불상 사사불공處處佛像 事事佛供
우주만유는 한몸 한 기운이며 평등하다

원불교사회개벽교무단과 원불교인권위원회를 이끌어 온 정상덕 교무
와 김기남 변호사가 오랫동안 현장에서 인권활동을 해 오며 키워온
종교와 인권의 관계성에 대한 물음에서 시작되었다. 나아가 원불교 교
리에 대한 인권적 접근을 시도하고 인권이슈에 대한 원불교적 이해와
대안을 나름대로 정리하여 제시하였다.

'그대가 본래 부처'임을 설한 최고의 불경
묘법연화경

본각선교원 편역 | 신국판 | 흑백 | 672쪽 | 26,500원

본각선교원 · 정토사 불교대학 교재로 채택!

《묘법연화경》은 《화엄경》과 함께 한국불교사상의 확립에 가장 크게
영향을 끼쳤으며, 우리나라에서 가장 많이 읽히고 사경된 경전. 예로
부터 모든 경전의 왕으로 인정받은 가장 중요한 대승경전이다. 한자
(漢字)마다 일일이 한글 음을 달고 문장마다 토(吐)를 붙이고 번역까지
해서 독송용은 물론 간경(看經) 교재로도 적합하다.

참 내 뜻으로 만나 보는 내 마음의 진실
금강경

전강문인(田岡門人) 무진 역해 | 신국판 | 2도 | 324쪽 | 33,000원

늘 그대 것인 '이뭣고?'를 허공 난간에 걸어두니…

안산 고려선원(T. 031-408-0108) 무진(無盡) 선원장이 당대의 6대 선지식
으로부터 인가(認可) 받은 전강(田岡, 1898~1975) 선사의 문인(門人)으로서
40여년 참선의 깨달음의 안목(眼目)을 바탕으로, 금강경을 핵심적인
참뜻의 흐름으로, 또는 육조혜능 선사의 돈오선(頓悟禪)의 뜻으로, 또는
구체적인 수행체험을 근거로 자상한 도움말을 주고 있다.

지옥이 텅 빌 때까지 성불하지 않으리
만화 지장경

정일 지음 | 188×255 | 흑백 | 304쪽 | 12,800원

예로부터 효경으로 전해진 지장경은 부처님이 도리천에서 어머니 마
야부인을 위해 설법한 대승경전이다. 갖가지 신통력으로 아수라, 지
옥, 아귀, 육도중생을 제도하여 해탈하게 하려는 지장보살의 큰 서원
을 말씀하신 경이다. 조계종의 대표적인 선사인 정일 스님은 생전에 《
지장경》 독송을 통해 불심과 신심, 효심을 배양하고 이를 참선수행의
밑거름으로 삼도록 강조해 왔다.

일산 법상스님의 대비주 수행 예화편

내 생에 단 한번 뿐인, 오늘

일산법상 지음 | 46판 | 올칼라 | 200쪽 | 10,000원

"대비주를 수행하면 참나가 모습을 드러낸다"

대비주 전문 수행도량 일산 덕양선원장 법상스님이 다양한 연령층의 신도들에게 대비주를 가르치고 상담하면서 실제 경험한 수행일화를 기록하고, 이를 불교적으로 해설해 깨달음의 길로 나아가도록 이끄는 책. '광명의 깃발이자 신통의 보물창고(受持身是光明幢 受持心是神通藏)'로 불리우는 대비주를 통한 집중수행이 참된 행복을 불러오도록 일깨운다.

신묘장구대다라니경 강설

다라니 수행

일산법상 지음 | 신국판 | 컬러 | 344쪽 | 15,000원

첫 진언수행 지침서이자 '긍정의 힘' 사용설명서

〈신묘장구대다라니경〉을 해설하고 구체적인 수행법과 수행효과 등을 체험적으로 기록했다. 천수대비주 수행중에 '아공(我空)'을 체험한 덕양선원(cafe.daum.net/zeoi) 선원장 일산(一山) 법상스님은 "대비주 수행으로 창조력, 삼매력, 자비심, 용맹심이 확연히 드러나기 때문에 본성의 무한한 잠재능력을 일깨울 수 있다"고 강조한다.

수지심시신통장受持心是神通藏

다라니의 힘

일산법상 지음 | 신국판 | 부분컬러 | 448쪽 | 15,000원

법상스님 수행일기 · 법문 담은 '마음의 힘' 사용설명서

덕양선원장 일산(一山) 법상스님이 당신의 수행일기와 법문을 통해 자성(自性)을 깨닫는 다라니수행의 길을 체험적으로 안내한다. 특히 '광명의 깃발이자 신통의 보물창고'로 불리우는 대비주를 통한 집중수행으로 불성의 무한능력을 일깨우는 불교적인 자기계발서이자 다라니 수행 안내서가 되도록 편집했다.

성현과 범부가 함께 닦는 원통(圓通)의 묘법

염불수행대전

주세규 회집 | 46배판 | 808쪽 | 38,000원

이 책은 '염불'에 관한 부처님과 보살님, 역대 고승, 거사님들의 말씀들을 모아서 해설하거나 주석(註釋)을 단, 무려 808쪽에 달하는 이른바 '벽돌책'이다. 방대한 주석에는 살며 사랑하고, 염불하며 깨달아가는 구도자들의 생활 속 수행지침과 감동적인 예화, 역사적인 영험록이 가득하다.

염불선으로 푼 달마어록

달마는 서쪽에서 오지 않았다

덕산 역해 | 신국판 | 304쪽 | 13,000원

"덕산 화상이 실참을 통해 도달한 안목으로 언구에 구애받지 않고 종
횡자재로 펼치는 자비법문은 천하 사람의 코를 꿰는 솜씨를 유감없이
보여주고 있다. 모든 참선학도는 덕산 화상이 고구정녕하게 일러주는
낙초지담(落草之談: 사바세계라는 풀밭에서 중생을 위해 자비로운 방편법문을
설함)을 듣고 조사관을 투득하는 금린(金鱗: 황금 잉어, 깨달은 자)이 되기
를 바라노라." – 조계종 원로회의 의장 종산(宗山) 스님

수행성취의 열 가지 조건, 십바라밀

행복에 이르는 열 가지 습관

Sujin Borihamwanaket/정명 역 | 368쪽 | 13,800원

괴로움이 소멸된 상태인 닙바나(열반)를 증득하려면 필요조건을 갖춰
야 한다. 이 조건이 바로 십바라밀이다. 수행의 성취는 열심히 한다
고 되는 것이 아니라 바른 조건을 만나야만 이뤄진다. 그래서 구도자
는 그 조건이 무엇이고 나의 수준은 어느 정도인지를 안 다음에 하나
하나 이 조건들을 충족시켜 나가야 한다. 태국의 명상수행가인 Sujin
Borihamwanaket는 니까야 가운데 소부(小部)의 소송(小誦) 및 불소행
장(佛所行藏)과 그 주석서를 근간으로 붓다의 수행법을 제시한다.

한국의 벽암록 '직지' 상권 선문답 해설

자유인의 길 직지심경

덕산 역해 | 신국판 | 흑백 | 320쪽 | 14,000원

《직지심경(直指心經)》은 고려시대의 고승 백운경한(白雲景閑, 1299~1374)
선사가 펴낸 공안(公案: 화두) 위주의 선문답 모음집으로 깨달음에 대한
선(禪)의 지침서다. 백운 선사가 편집한 《선문염송》《치문경훈》의 내용
과 과거 7불(佛)의 게송, 석가모니 부처님으로부터 법을 받으신 인도의
가섭존자로부터 28조 달마 스님까지의 게송이 들어있고, 중국 110분
선사들의 선의 요체 등 여러 고승들의 법거량과 선문답, 일화가 들어
있다. 청원 해은사 주지 덕산 스님이 염불선의 깨달음 체험을 바탕으
로 《직지》 상권을 알기 쉽게 풀이했다.

한국의 벽암록 '직지' 하권 선문답 해설

영원한 행복의 길 직지심경

덕산 역해 | 신국판 | 흑백 | 496쪽 | 19,500원

《직지》 하권에 등장하는 중국의 조사 90여 분의 깨달음의 노래와 선
문답을 모아 해설한 책. 특히 그동안 금기시 되어왔던 선문답에 대한
해설을 통해 깨달음이 결코 먼 곳의 이야기가 아님을 실감토록 해, 참
다운 발심으로 실참 수행의 길을 안내하는 길잡이 역할을 하고 있다.

무문관수행의 전설
석영당 제선선사

박부영 · 원철 · 김성우 | 신국판 · 양장 | 256쪽 | 15,000원

제선선사의 수행력은 추종을 불허하고 동서고금에 그 유례를 찾을 수 없을 정도로 극적이며 인간이 낼 수 있는 최대한의 정진력을 보여준다. 많은 공부인들에게 가장 큰 장애는 의심이다. 인간이 할 수 있을까, 과연 깨달음의 경지를 성취할 것인가, 가지 않은 길에 대한 두려움에 의심을 한다. 그 점에서 선사의 삶과 죽음의 경계를 넘어선 경지는 모든 수좌들에게 희망과 등불을 밝혀준다.

수습지관좌선법요(修習止觀坐禪法要) 강의
지관(止觀)수행

천태지의 저 · 송찬우 역해 | 신국판 | 흑백 | 456쪽 | 19,500원

지관(止觀)은 염불 · 좌선 · 위빠사나 등 대 · 소승 수행의 핵심
"삼계생사를 벗어나려면 따로의 길이 없고, 열반에 오르는 것도 지관 수행 하나의 문이 있을 뿐이며, 모든 공덕까지도 원만하게 귀결하는 길이기도 하다." (본문 중에서)
최초로 발심한 사람이 수증(修證)하고 입도하는 가장 절실하고 중요한 지관법문을 총론적으로 밝힌 책. 천태지의(538~597) 대사가 짓고, 중앙승가대 송찬우 교수가 번역 · 강의했다.

해안 선사의 견성과 사자후
7일 안에 깨쳐라

동명 엮음 | 신국판 | 컬러 | 250쪽 | 15,000원

이제는 '오늘 말고 이틀밖에 남지 않았구나' 하고 생각하니 마치 죽음이 경각에 있는 압박감에 사로잡혀 오직 은산철벽(銀山鐵壁) 화두에 매달리게 되었고 밤에 잠을 자노라면 꿈에도 생생하게 은산철벽을 뚫고 있었다. 시간이 어떻게 가고 오는지도 모르게 지나는데, 엿새째 되는 날 저녁 공양시간이 되었던지 목탁소리가 나는데, 전에 없이 크게 들렸다. 이어서 바로 종소리가 들리고 선방에서는 방선죽비(放禪竹篦)를 탁! 탁! 탁! 치는데 그 소리에 갑자기 전신이 서늘해지면서 무어라고 형언할 수 없는 환희의 세계가 전개되는 것을 맛보게 된 것이다. – 해안 대선사

묵산선사 반야심경 · 금강경 법문
허공을 부수어라

묵산스님 지음 | 신국판 | 흑백 | 272쪽 | 13,500원

"우주를 창조하고 삼라만상을 운전하는 그대가 공왕여래다"
92세의 조계종 원로 선사인 묵산스님(보림선원 조실)이 수행체험을 바탕으로 반야심경과 금강경을 한 권의 책에 동시에 강설했다. 스님은 반야(般若: 지혜)와 공(空)사상을 독창적인 혜안으로 해설하고 깨달음의 안목을 게송(선시)으로 드러내고 있다.

비극에서 마법으로(The Secret Sayings)

죽음을 맛보지 아니하리라

박동덕 지음 | 신국판 | 칼라 | 488쪽 | 19,500원

예수의 깨달음 담긴 秘傳 도마복음을 위빠사나로 풀다
영원한 생명의 빛은 불성이자 신성神性이다!

예수님의 비밀스런 깨달음과 가르침이 담긴 도마복음을 위빠사나 명
상으로 읽은 책. 다큐멘터리 PD로 활동 중인 저자가 임사(臨死)체험을
한 경험을 바탕으로 114절에 이르는 도마복음의 각 절을 자신만의 고
유한 시각으로 해석했다. 저자는 도마복음을 관통하는 예수의 질문이
바로 어떻게 하면 그 나라시·공간을 넘어선 불생불멸의 세계, 깨달음의 세
계에 들어갈 수 있는 하심·인욕 수행지침서

하심 · 인욕 수행지침서

항복기심 – 참는 연습

영곡스님 지음 | 신국판 | 부분 컬러 | 334쪽 | 12,500원

진정한 참음은 '참된 자신'眞我에 머물고
성스런 참음은 중도실상中道實相에 안주하는 것

팔공산 절벽에서 목숨 건 정진 끝에 종교적 체험을 얻은 저자(조계종 수
좌)는 삼매 중에 많은 전생을 돌아보며 당신의 업보를 알게 됐다. 마음
속의 원망등을 해소하고 거룩한 자비심을 깨달은 그는 불자들이 인욕
바라밀을 닦아 무한한 행복을 누리길 발원한다.

인맥의 달인 김기남 경영에세이

위대한 직원이 위대한 기업을 만든다

김기남 지음 | 변형신국판 | 2도 | 336쪽 | 14,000원

대기업 사원에서부터 팀장, 중소기업 임원을 거쳐 신설 벤처 기업의
창업 임원이 된 사람이 있다. 그 신설 벤처 기업은 창업 첫 해에 8억여
원의 매출을, 8년 만에 600억여 원의 매출을 올렸으며, 지금은 코스닥
상장업체이다. 우리 시대 직장인의 성공 모델이라고 할 수 있는 그는
'인맥관리의 달인'으로 불리는 ㈜씨엔플러스의 부사장 김기남이다. 인
맥의 중요성을 강조하던 그가 이번에는 직장인들의 멘토로 나서 직장
생활의 달인이 되는 93가지 지침을 소개했다.

천체물리와 경영의 만남

창조와 성공의 비밀 감동DNA

윤장열 지음 | 신국판 | 흑백 | 220쪽 | 12,000원

천문학과 경영학을 두루 섭렵한 저자의 책 속에는 우주의 법칙 속에
숨겨진 함의(含意)들을 통해 개인과 기업의 위대한 창조성을 일깨우고
있으며, 위대한 창조를 일구고 실현하는 이들을 명료하게 설명하고 있
다. 장병택 영풍문고 사장

붓다의 행복 교과서
만화 백유경

글·그림 김흥인 | 변형 신국판 | 컬러 | 170쪽 | 10,000원

어른을 위한 '행복 교과서' 겸 자녀 '인성교육 지침서'

『백유경』은 불교를 어렵게 생각하는 현대인들에게 더없이 좋은 경전이다. 내용도 단편들로 구성되어 있어서 부담없이 읽고 자신을 되돌아볼 수 있는 격언집·명상록 같은 성격의 경전이다. 어른에게는 삶의 지혜와 교훈을 주는 '행복교과서'로, 청소년들에게는 참다운 사람으로 성장할 수 있는 '인성교육의 지침서'로 손색이 없다.

사랑을 위해 장미를, 영원을 위해 책을…
"법보시 통해 부처님 법 전하며 공덕을 쌓으세요"

책은 마음의 양식이자 뇌의 보약입니다. 책을 가까이 하는 사람은 치매 확률이 낮다고 해요. 책은 거기에다 행복까지 안겨준대요. 미국 메릴랜드대가 3만 명의 성인을 조사했더니 TV에 빠져 사는 사람은 자신이 불행하다고 느끼는 반면, 책을 가까이 하는 사람은 자신이 행복하다고 느끼는 것으로 나타났습니다.

오늘 사랑하는 사람에게 책 한 권을 선물하세요. 장미 꽃 한 송이까지 곁들여 '사랑을 위해 장미를, 영원을 위해 책을(A rose for love and a book forever)'이란 격언처럼….

문의 : 02-2632-8739, buddhapia5@hanmail.net